Und das Beste kommt noch!

Die Erlöse aus dem Verkauf des Buches fließen in den Not-for-Profit-Verein Winspiration Day Association, um die Idee des Winspiration Days und des Human Development Index zu verbreiten.

Writing:
Gabriele Borgmann, www.raum-zeichen.de

Übersetzung des Interviews mit Prof. Muhammad Yunus:
Roland Röhrig, Language Excellence, Kassel

Cover-Illustrationen, Winspiration-Day-Logo:
Simon Hofer, www.simonhofer.ch

Satz, Layout, Cover, Produktion, Marketing:
Winspiration Day Association

Bildnachweise: Seite 1: © Petra A. Kilick. Seite 5: © Peter M. Mayr. Seite 77: © Winspiration Day Association. Seite 85: © Dagmar Riedel-Breidenstein. Seite 91: © Christian Lietzmann. Seite 97: © Maren Opfermann. Seite 101: © Andreas Kühlke. Seite 105: © Plant for the Planet. Seite 113: © Holger Böhm. Seite 117: © Tilo Pfefferkorn. Seite 133: © Wolfgang Sonnenburg. Seiten 138–142: © Winspiration Day Association.

ed. 005

Wolfgang Sonnenburg

Und das Beste kommt noch!

„Was die Raupe Ende der Welt nennt,
das nennt der Rest der Welt Schmetterling."

Laotse

Inhalt

Vorwort von Pero Mićić

Würden Sie, statt heute, im Jahr 1900 leben wollen? In der Zeit des deutschen Kaiserreichs? Mit 60 Stunden und sechs Tagen Normalarbeitszeit pro Woche für alle? Ohne Wahlrecht für Frauen? Als noch zehn Prozent der Menschen an Tuberkulose starben?

Manchmal hat man das Gefühl, früher sei vieles besser gewesen. Doch auf den genaueren zweiten Blick will kaum jemand auf die heutige Lebensqualität verzichten. Im Großen und Ganzen haben wir es heute weitaus besser als noch vor 20 oder hundert Jahren.

Es gibt auch die Schattenseiten. Komplexität und Überforderung überall. Die Klimakatastrophe vor Augen. Als 1973 die Ölkrise ausbrach, war man überzeugt, dass es nur noch bergab gehen würde. Die Flüsse waren ohnehin schon verseucht. Der nukleare Krieg nur eine Frage der Zeit. Aber es kam anders. Es kam besser. Wir haben einige Dinge besser gemacht.

Wird auch jetzt die Zukunft besser als unsere Gegenwart? Kommt das Beste noch? Wer daran zweifelt, hat mein Verständnis. Der Mensch ist nach wie vor ein Kurzfrist-Wesen. Damit wir uns jetzt wohlfühlen, opfern wir noch viel zu oft unsere bessere Zukunft. Schuldenkrisen, Umweltzerstörung, Hunger, Fettleibigkeit und Unterqualifikation sind nur einige Beispiele der fatalen Folgen unserer Kurzfristorientierung. Unser Belohnungssystem im Kopf ist über Jahrmillionen entstanden. Vor Tausenden von Jahren mussten wir uns nicht um die Zukunft kümmern. Aus diesem Grund fällt es uns auch heute so schwer, im Heute das Richtige für das Morgen zu tun. Die Komplexität überfordert uns.

Doch es gibt Grund zum vorsichtigen Optimismus. Wir haben heute bessere Mittel und ein besseres Verständnis der Welt. Schritt für Schritt werden wir auch die bedrohlich und unlösbar scheinenden Probleme unserer Zeit überwinden.

Wir brauchen dafür eine gute Beziehung zu unserem „Zukunfts-Ich" und zu unserem „Zukunfts-Wir". Wir müssen unser heutiges Denken und Handeln daran messen, ob es dem Glück unseres Zukunfts-Ich nutzt oder schadet.

Werden wir noch mehr Wohlstand haben? In den unterentwickelten Regionen dieser Welt ist das ein zentrales Ziel. Mit materiellem Wohlstand verschwindet die größte Not. Aber in den buchstäblich gesättigten Gesellschaften der entwickelten Welt brauchen wir nicht noch mehr materiellen Wohlstand. Wir sehnen uns nach mehr Lebensqualität. Das ist, was wachsen soll und wachsen wird, ohne absehbare Grenzen.

Wolfgang Sonnenburg vereint Freiheit und Verantwortung, dieses untrennbare Wertepaar, in seiner eigenen Persönlichkeit. Er hat sich die Freiheit genommen, und er wird seiner Verantwortung gerecht. Dieses Buch macht Winspiration in einer weiteren Form erlebbar.

Was können Sie tun? Was können wir alle tun? Beachten wir immer das ganze Leben und nicht den Augenblick! Lernen wir unser Zukunfts-Ich kennen und lieben! Lernen wir unser Zukunfts-Wir kennen und lieben! Bedenken wir stets die langfristigen Folgen unseres Tuns! Schauen wir mehr und länger auf das Ganze als auf uns selbst!

Dann wird es wahr. Dann liegt das Beste noch vor uns.

Grußwort von Samy Molcho

Als mich Wolfgang das erste Mal zu seinem Winspiration Day eingeladen hat, dachte ich: Na, noch so ein Motivations-Tag! Das war damals sehr populär in Deutschland.

Ich war sehr überrascht, etwas komplett anderes zu erleben, als ich erwartet hatte: Die Beiträge waren anders, die Stimmung im Saal war anders, und die Begeisterung war anders. Es war eindeutig Wolfgang, der es verstanden hat, den Unterschied zwischen Motivation und Inspiration zu definieren und umzusetzen.

Jemanden zu motivieren setzt voraus, dass der Betreffende keine Lust hat, etwas zu tun, man ihn aber trotzdem dazu motivieren sollte – oft durch eine Art von Belohnung.

Inspiration ist etwas anderes. Es ist eine geistige Kraft der Schöpfung, eine unsichtbare kreative Kraft, die in jedem von uns vorhanden ist.

Im Winspiration Day hat Wolfgang wiederholt Menschen Anerkennung zuteilwerden lassen, die es trotz einer körperlichen oder geistigen Einschränkung mit innerer Kraft und Vision zum Erfolg gebracht haben. Diese Menschen standen auf der Bühne und haben uns gezeigt, was alles möglich ist, wenn man nur daran glaubt.

Unsere Visionen erfüllen sich, wenn wir an unserer eigenen Kraft rütteln, uns auf das besinnen, was wir wirklich gut können.

Ich wünsche Dir, lieber Wolfgang, dass Du viele Leser findest, die sagen: „Da mache ich mit."

Das Geschenk, das Wolfgang uns allen mit diesem Tag gibt, ist, das Feuer in uns zu wecken, den Mut und die Kraft, unsere Visionen zu realisieren. Träume müssen nicht immer Träume bleiben, sondern sollen in die Realität umgesetzt werden.

Danke.

Einleitung: Vorwärtsdenken

Drei Worte genügten, um eine ganze Nation zu begeistern. Drei Worte, die zum Synonym für Inspiration wurden, weil sie die Menschen beseelten, ihnen die Hoffnung gaben auf eine Zukunft voller Chancen: „Yes, we can." Nach seiner Wahl zum 44. Präsidenten Amerikas trat Barack Obama auf die Bühne und erfüllte einen Traum, den Martin Luther King einst in die Zukunft malte. Manchmal brauchen Träume 40 Jahre und mehr, um wahr zu werden. Dann öffnen sie Horizonte, und es regnet pures Glück. Für mich ist es ein Beweis, dass die Kraft der Gedanken, der Glaube an Gerechtigkeit und an eine gute Zukunft die Zeit überdauern wird.

Vor vielen Jahren habe ich mich aufgemacht, das Glück zu suchen. Ich habe mit Philosophen gesprochen, mit Naturwissenschaftlern, mit Geistlichen verschiedener Religionen. Ich habe Politikern zugehört und die Lebensgeschichten beeindruckender Menschen auf mich wirken lassen. Und immer stand am Ende die Einsicht, dass Glück eine Fülle aus Wissen und Freiheit ist, aus dem Willen, das Beste aus diesem Leben zu machen. Wenn die politischen Rahmenbedingungen stimmen, wenn Menschenrechte in allen Facetten garantiert werden, dann eröffnet sich ein weiter Raum für dieses scheue Gefühl von Glück. Ich will diesen Kriterien gerne eine weitere Größe hinzufügen: die Vision. Sie gibt uns Kraft, an unsere Fähigkeiten zu glauben, weil sie uns mit nur drei Worten verspricht: „Yes, we can."

Ich will Sie einladen, mit den Gedanken zu spielen, die die Vereinten Nationen seit mehr als 20 Jahren in einem Report formulieren, in dem sie fragen: Wie lässt sich das Glück der Menschen messen? Mit den Werten aus Bildung, Gesundheit, Lebenserwartung und finanzieller Sicherheit, meinen die Architekten dieses Modells. Mich fasziniert dieser Versuch, das Glück grenzübergreifend zu erklären, denn er stellt die Menschen in den Mittelpunkt. Er zeigt, dass Glück viele Gesichter hat und weit mehr ist als eine mathematische Formel.

Schieben Sie einmal Ihre Zweifel und alten Glaubenssätze beiseite. Öffnen Sie Ihre Gedanken für die Idee, dass jeder Mensch ganz besondere und individuelle Fähigkeiten in sich trägt. Von Geburt an. Sie zu entdecken, sie zu wahren wie einen kostbaren Schatz, das ist unsere Aufgabe, um am Ende des Lebens sagen zu können: Ich war glücklich.

Ich weiß, dass es Kritiker geben wird, die fragen: „Wo kommen wir denn hin, wenn jeder macht, was ihm gefällt?" Ich antworte mit einem Lächeln: „Weit vorwärts. Weiter, als wir uns das heute vorstellen können."

Wir leben in einer Demokratie, die Entfaltung zulässt und für individuelle Lebensentwürfe offen ist. Niemals zuvor rückte die Welt dank moderner Technologien, Verständnis für Kunst und Kulturen näher zusammen. Niemals zuvor boten sich mehr Chancen, eigene Wege zu bauen. Was also hält uns davon ab, leichten Schrittes auf unsere Ziele loszugehen? Warum suchen wir uns nicht die Aufgaben, für die unser Herz schneller schlägt und die unsere Gedanken beflügeln?

Wahrscheinlich wird es auf diesem Planeten immer Menschen geben, die sich die Köpfe einschlagen, die ungerecht agieren und aus niedrigen Gründen anderen Schaden zufügen. Kein Gesetz kann das verhindern, allenfalls bestrafen. Auch diese Realitäten gehören zum Leben. Aber sollten wir deshalb innehalten und nur einen einzigen Millimeter von unseren eigenen Träumen abweichen, von Träumen, die uns wie Verliebte über uns hinauswachsen lassen? Ich finde: Nein. Wir brauchen Menschen, die in ihre Kraft gehen können, die ihre Fähigkeiten entdecken und die Welt bereichern. Wir können viel bewirken, im Kleinen wie im Großen. Jeder kann ein Botschafter des Glücks und der Zufriedenheit werden. Davon handelt dieses Buch.

Lassen Sie sich auf den nächsten Seiten auf die Vision des Winspiration Days ein. Seit Jahren feiern Menschen auf der ganzen Welt am 7. Mai diesen Tag. Ich möchte Sie ermuntern, den Plan vom eigenen Glück in die Hand zu nehmen, an ihm zu arbeiten. Auf großen Veranstaltungen, auf Vision-Partys oder in einem kleinen Kreis unter Freunden. Ich lade Sie ein, auf den nächsten Seiten mehr zu erfahren von meiner Art der Inspiration. Ich werde kleine Episoden der vergangenen zehn Jahre erzählen, und in der Summe wird in Ihren Gedanken ein Bild von jenem Tag entstehen, der so viel bewirken kann, wenn Menschen ihre Energien bündeln.

Vor einem Jahr habe ich mit einem Team die Not-for-Profit-Association in Zürich gegründet, um diesem Tag eine noch größere Bedeutung zu verleihen, um ihn zu einem Jour fixe im Kalender zu machen, ähnlich wie der Valentinstag. Die Zeit war reif, dieses Buch zu schreiben. Es ist ein Inspirationsbuch geworden. Mal nachdenklich. Mal persönlich. Mal polarisierend.

Ich veröffentliche dieses Buch auch, um Sie als Mitglied des Vereins zu gewinnen und Sie um Spenden zu bitten. Damit wir gemeinsam die Idee des Winspiration Days weltweit verbreiten. Ein Einzelner kann nur wenig bewegen, aber viele Menschen gemeinsam können diese Welt ein wenig besser machen. Viele Menschen gemeinsam können dem Glück in der Gesellschaft einen größeren, einen bedeutenderen Raum geben, indem sie zum Beispiel Politiker auffordern, dem wunderbaren Gedanken des Human Development Index mehr Aufmerksamkeit zu schenken. Er stellt nicht das Bruttosozialprodukt in den Mittelpunkt, sondern das menschliche Wachstum. Er richtet den Fokus auf sanfte Werte: auf Bildung, auf Gesundheit, auf die Freiheit für eigene Lebensentwürfe. Ich finde: In der Summe sind sie ein Garant für Glück. Jeder Politiker sollte den jährlichen Report der Vereinten Nationen lesen und als Arbeitsheft mitten auf den Schreibtisch legen. Er sollte darin blättern bis die Seitenecken sich nach oben biegen und überlegen, wie diese Werte beständig in sein Denken, Handeln, in Programme passen könnten. Ebenso wünsche ich mir von so manchem Unternehmer ein höheres Bewusstsein für das Glück seiner Mitarbeiter, von den meisten Lehrern einen weiteren Blick für die Talente ihrer Schüler, von Eltern ein wohlwollendes Begleiten ihrer Kinder. Für sie alle habe ich dieses Buch geschrieben. Ich will Impulse geben für das Denken im Alltag und einmal im Jahr für ein Konzentrieren auf das, was im Leben wirklich zählt.

Ich bin stolz darauf, dass Persönlichkeiten, denen ich begegnen durfte, sich zu Wort melden. Sie alle haben Großartiges geleistet. So wie Pero Mićić, Samy Molcho, Muhammad Yunus, Manfred Spitzer, Felix Finkbeiner, so wie Joana Zimmer, Dagmar Riedel-Breidenstein und all jene, die mich immer wieder aufs Neue beeindrucken. Weil sie ihr Wissen und ihre Leidenschaft versprühen und schlichtweg sagen: „Yes, I do."

Ihr

Wolfgang Sonnenburg

Die Idee: Besinnen auf das Wesentliche

Was wäre, wenn der Reichtum eines Landes nicht allein an der Summe der geschriebenen Rechnungen gemessen würde? Was wäre, wenn nicht Angst vor Krisen, sondern Freude auf Zukunft die Menschen erfüllten?

Es gäbe plötzlich ein konstruktives Wachstum und darüber hinaus mehr Gerechtigkeit in dieser Welt.

Seit nunmehr 20 Jahren versuchen die Vereinten Nationen die Länderstandards um den Grad der Bildung, Gesundheit und des Glücks zu erweitern. Bereits 1990 erklärten sie:

> *„Menschen sind der wahre Reichtum eines Landes. Das grundlegende Ziel von Entwicklung ist es, eine Umgebung zu schaffen, in der Menschen ein langes, gesundes und kreatives Leben genießen können. Das mag wie eine einfache Wahrheit erscheinen, gerät jedoch häufig in Vergessenheit hinter dem Anliegen der Anhäufung materieller Güter und finanziellen Reichtums." (aus HDI, Ziel 5)*

Die Winspiration Day Association unterstützt dieses Ziel der Vereinten Nationen. Sie veranstaltet einmal im Jahr einen Tag, um diesen Human Development Index als persönliche Chance zu begreifen. Er soll Menschen zusammenbringen, ihnen Mut machen, den eigenen Weg zu gehen und frei zu werden von alten und einschränkenden Glaubenssätzen. Dieser Tag soll jedem Einzelnen die Kraft geben für den Lebensplan vom Glück. Welche Energie wird entstehen, wenn Menschen sich weltweit daran beteiligen! Der Winspiration Day findet am 7. Mai auf Bühnen, in Räumen, im

Internet statt. Er lässt Träume zu, lässt Visionen leuchten. Er berührt die Herzen der Menschen und potenziert sich millionenfach zu einer Kraft.

Baden-Baden, 2006. Die Sonne flirrt über den weißen Kies. Endlich ist ein Hauch von Frühsommer zu spüren. Es ist der Tag, an dem ich zum vierten Mal zum Winspiration Day einlade – in diesem Jahr mit großem Programm. Die Presse hat berichtet. Ich habe Interviews im Vorfeld gegeben. Alles ist gut gelaufen, so wie ein Veranstalter sich das wünscht. Nun stehe ich in diesem leeren, gediegenen Saal im Kurhaus von Baden-Baden. Allein. Ich bin ein wenig aufgeregt. Aber ein Hauch Nervosität gehört zu einem Speaker wie der Klang von Sektgläsern am Abend, wenn der Vorhang fällt. Ich lasse meinen Blick nach draußen schweifen. Die bunten Blumenrabatten verschwimmen vor meinen Augen, und es tauchen Bilder aus Yokohama auf. In dieser größten Stadt Japans lernte ich vor wenigen Wochen den kleinen Rex kennen. Und diese Begegnung rührte mich bis ins Mark. Vor neun Jahren kam der Junge schwerstbehindert zur Welt. Er konnte nicht sehen, nicht hören, er konnte sich kaum bewegen. Und in den ersten Lebensjahren zeigte sich: Der kleine Rex ist zudem ein Autist. Aber er hat ein Talent. Seine Mutter entdeckte es und fördert es mit ungemeiner Liebe und Hingabe: Rex spielt Klavier. Einfach so. Er prägt sich Kompositionen großer Meister ein, dann wiederholt er sie. Ohne die Noten lesen zu können. Diese Gabe scheint sein Gehör zu fördern, seine Konzentration zu festigen, seine Beweglichkeit zu schulen und sein Herz zu erfreuen. Mit den Melodien scheint seine Behinderung nicht mehr wichtig zu sein. Er lässt sie davonfliegen. Bis der letzte Ton verklingt. Rex ist wohl das, was man ein Wunderkind nennt, meinen die Pädagogen. Ich aber nenne es Talent und Fleiß. Er übt stundenlang, tagelang und verliert sich in Raum und Zeit. Ich werde ihn mit seiner Mutter heute Abend vor tausend Gästen begrüßen und beiden den Award verleihen. Ich glaube, dass dieser kleine Junge eine Botschaft sendet. Seine Mutter wird sie in Worte fassen: „Irgend etwas von ihm steckt in jedem von uns. Wir alle haben unsere Stärken. Wir haben unsere Schwächen. Aber wenn wir eine Leidenschaft haben für eine Vision, dann werden wir alle unsere eigenen Fähigkeiten finden." Rex wird laut und ungestüm in den Saal rufen: „Happy Winspiration Day!" Das hat vor ihm noch keiner gesagt. Und ich? Ich werde mich wahrscheinlich an das Publikum wenden: „Rex spielt Klavier. Und Sie?"

http://may7.org/ugfi – Cathleen Lewis schrieb das Buch: „Mein Wunderkind: Eine Mutter, ihr autistischer Sohn und die Musik, die alles veränderte".

Die Wirtschaftskrise als Wertekrise

Schließen Sie die Augen. Blenden Sie diese Welt da draußen für wenige Minuten aus. Richten Sie Ihre Kraft für einen Moment auf sich selbst. Geben Sie ihr eine helle Farbe und denken Sie schlichtweg den einen Satz: Es ging uns nie zuvor so gut wie heute.

Wie fühlt sich das an? Fremd? Irritierend? Das ist normal. Die meisten Menschen sind programmiert auf Jammern, auf Angst, auf Rückblick. Sie sind empfänglich für Katastrophen. Das ist evolutionsbedingt. Flucht und Gefahr waren einst die größten Herausforderungen. Das Gehirn hat diese Pfade auf der Landkarte im Kopf nicht vergessen, und dieser Tatsache bedienen sich die Medien mit Vorliebe: Sie stürzen sich auf ein Unglück, sezieren es bis zur Schmerzgrenze und präsentieren es in Dauerschleife, so lange bis die Zuschauer verunsichert sind und sich abwenden. Wie im Frühjahr 2007. Da verschwand die kleine Maddie. Sie hatte mit ihren Eltern in einer Ferienanlage in Praia da Luz in Portugal den Urlaub verbracht. Bis die Eltern eines Abends ihr Zimmer leer vorfanden. Sie alarmierten die Polizei. Da überschlugen sich die Zeitungen im Sprint um die Aufmerksamkeit der Leser. Da nutzten Medien über Monate hinweg die Tatsache, dass schlechte Nachrichten mehr Profit bringen als das Berichten vom Glück. Neben diesem Nutzen aber erreichten Journalisten noch etwas anderes, das viel subtiler war und sich in den Alltag der Leser einschlich: Es entstand ein Gefühl von tiefer Unsicherheit: Mütter überbehüteten ihre Kinder, trauten ihnen nicht mehr zu, Schulwege alleine zu gehen, verboten ihnen, mit Freunden im Garten zu spielen. Die schlechten Meldungen waren mit dem Lesen des letzten Satzes längst nicht vergessen, sondern goren weiter. In den Köpfen und in den Gefühlen. Der Wunsch war groß, einen Schuldigen zu fassen, um diesem Drama ein Ende zu setzen, um wieder zu einem sorgloseren Tagesablauf zurückzukehren.

Journalisten erkannten, wie die Leser ihre Balance verloren, trotzdem setzten sie ihre Spekulationen fort. Sie gaukelten durch ihre Beiträge eine unfreie, eine gefährliche Zeit vor, gerade so als würden Kinder andauernd entführt. Diese reißerische Berichterstattung aber ließ die Konturen der Realität verschwimmen, dass sich nämlich seit vielen, vielen Jahren das Leben zu einem sicheren und besseren entwickelt. Mit großer Wahrscheinlichkeit hat parallel zu diesem Ereignis eine Mutter ihr Kind gesund zur Welt gebracht, ein Jugendlicher sein Abitur mit Eins plus absolviert, ein Chirurg durch eine Operation ein Leben gerettet, ein Unternehmen eine Insolvenz abgewendet, Länder eine Konfliktprävention gegen Gewalt unterschrieben, ein Staatsoberhaupt per Amnestie unschuldig Gefangenen die Freiheit wiedergegeben. Vielleicht ist währenddessen die ganze Welt dem Frieden näher gekommen. Vielleicht haben sich die Kriterien des Millenniumsvertrags ein Stück weit mehr erfüllt. Die Schlagzeilen aber berichteten von Spürhunden in Portugal und von Presse- und Papstgesprächen der Eltern der kleinen Maddie. Und sie schürten Traurigkeit und Angst.

Verantwortung statt Abstumpfung

Wir haben die Medien, die wir verdienen. Solange Maden schluckende C- und D-Promis im Dschungelcamp mehr Geld verdienen als ein Straßenbauarbeiter, der seinen Rücken krumm schuftet für sich und die Gemeinschaft, oder als eine Intensivschwester, die Kranke pflegt und versorgt, solange wabert Lustlosigkeit durch das Land, solange fehlt der Sinn für bereichernde Lebensmodelle. Die Menschen brauchen Anreize statt Abstumpfen auf Kleinstniveau.

Wir leben in einer Gesellschaft, der wir durch unser Verhalten einen Stempel aufdrücken, wenn wir unsere Gedanken durch schlechte Nachrichten im Überfluss nähren. Und dabei würden sich Themen und Tonalität just ändern, wenn der Einzelne seine Haltung korrigiert und eines verlangt: der Wirklichkeit mit Optimismus zu begegnen. Unsere Gedanken beeinflussen unser Handeln, und wen wundert es, wie schleichend sich Werte wandeln, wenn Hoffnung stirbt und Angst wächst?

Angst als schlechter Ratgeber

Aber es wäre unfair, nur Politik und Medien eine Schuld an der Zukunftsangst der Bürger zu geben. Nicht die Medien erfinden düstere Szenarien, nicht die Politiker allein lancieren die Themen, nein, jeder Einzelne beeinflusst das Stimmungsbarometer im Land. Jeder Erwachsene darf seine politischen Vertreter wählen, kann Petitionen im Bundestag einbringen, darf fordern und kann mitmischen. Für die Moral ist jeder selbst verantwortlich. Niemand sollte sie sich diktieren lassen. Wenn ein Mann der Vorteilsnahme im Amt angeklagt und sein Ansehen ruiniert wird, bevor ein Richter Recht gesprochen hat, wenn die Quote vor Persönlichkeitsschutz geht und dieser Mann nicht mehr weiß, wie er jemals wieder Fuß in seinem Leben fassen soll, dann finde ich das zum einen beschämend, und zum anderen ein Indiz dafür, wie flüchtig Moral sein kann. Christian Wulff war einst gefeiert als Politstar mit Glamourbonus. Bis er vor der Yellow Press tief in Ungnade fiel. Selten habe ich einen Menschen schneller altern sehen. Wie viel Kraft verpufft, wenn persönliche Schauplätze zu zentralen Bühnen für ein Trauerspiel werden.

Dabei bin ich sicher: Wir können viel bewegen, wenn wir uns von solchen Schauplätzen fernhalten. Wir sollten uns auf die eigene Kraft besinnen und auf die Aufgabe, aus diesem Leben das Beste zu machen, jenseits von Jammern und Häme.

Was wäre, wenn wir an einem Tag im Jahr einen Impuls setzten, um unsere Ziele zu erreichen und unsere Wünsche zu erfüllen? Was wäre, wenn wir einen besonderen Tag im Jahr zu einem Feiertag für unseren Lebensplan erklärten?

Wir würden unser Potenzial spüren. Wir würden gemeinsam mit anderen – Familie, Freunden, Kollegen, Nachbarn – überlegen, wo unsere Stärken liegen und wie wir sie nutzen können. Ich weiß aus vielen Begegnungen, aus Vorträgen, Diskussionen und Coachings und aus zehn Jahren Winspiration Day, wie stark diese Kraft sein kann. Sie kann Armut mindern oder gar beseitigen, Reichtum zulassen, und Glück sowieso. Wenn wir benennen, was wir wollen, wenn wir es aussprechen, aufschreiben, mitten in den Raum stellen, dann kann es wachsen, hinein in unser Leben und in die Welt.

Die Zukunft der Kinder

Wir brauchen positive Gedanken für unsere Zukunft. Um sie zu formen, müssen wir sehr bewusst aus unserem Hamsterrad herausspringen und Ja sagen zu Momenten jenseits von Karriere oder Alltagspflichten. Wann haben Sie das letzte Mal neben Ihrem Kind auf dem Boden gelegen und einen Turm aus Bausteinen gebaut? Wann sind Sie eine Runde durch die Natur gejoggt, um sich wieder zu spüren, um Sauerstoff bis in die kleinsten Gehirnwindungen zu jagen? Wann haben Sie einfach mal von Herzen gelacht? Wann haben Sie im Vorübergehen einem Menschen in die Augen gesehen und ihm zugelächelt? Jeder positive Moment hinterlässt eine Spur von Glück in unserem Gehirn. Werden Sie zum Sammler dieser kleinen kostbaren Sequenzen im Alltag.

Wir brauchen Glücksmomente und manchmal eine lässigere Einstellung zum Leben. Wir sollten eine Balance finden zwischen den großen Bereichen Finanzen, Bildung und Gesundheit, so wie es der Human Development Index beschreibt. Zukunftsforscher prophezeien: Ein Wohlstand steht bevor, wie es ihn bislang nicht gegeben hat. Das versprechen neue Technologien und neue Lebenskonzepte. Beides wird wegweisend sein. Aber wir brauchen ebenso Kinder, die zu selbstbewussten, klugen Erwachsenen werden, die sich den Herausforderungen der Zukunft stellen, indem sie eigenverantwortlich handeln, statt nur zu reagieren, so wie Lehrer das wünschen. Kreativität darf nicht draußen bleiben mit dem Schließen der Klassenzimmertür. Wenn Lehrer Kinder auf den Flur stellen, weil sie im Unterricht dazwischenrufen, dann darf sich niemand wundern, dass die Kleinen vor Autoritäten schweigen. Eine solche Strafe gehört ins vorletzte Jahrhundert. Aber sie ist aktuell an einer Berliner Grundschule geschehen. Richtiger wäre die Pädagogik nach der Maxime: „Im Zentrum steht das Kind mit seiner Kreativität."

Kinder wollen reden – und nicht schweigen. Sie wollen ihre Fähigkeiten entdecken. Auf ihre Weise. Sie sind nicht bequem und vom Leben längst noch nicht satt. Sie nehmen ihre Zukunft in die Hand, so wie Felix Finkbeiner, der mit seiner Organisation „Plants for the Planet" als 12-Jähriger 2007 aufrief, Bäume zu pflanzen für ein sauberes Klima. Er sprach vor den Vereinten Nationen, er ist UN-Kinderbotschafter für Klimagerechtigkeit und verfasste die Streitschrift „Alles würde gut – Wie Kinder die Welt verändern können." Heute ist die Welt durch sein Engagement um 12,6 Milliarden Bäume reicher. Der Winspiration Day gab ihm einst eine Bühne, verlieh ihm den Award.

120 Jahre Leben

Wer nur redet, wenn er gefragt wird, der hinterlässt keine Spuren. Der schleicht durch seine Zeit, der unterwirft sich Regeln, statt sie zu hinterfragen. Dabei steht eines fest: Niemand hat unendlich Zeit, aber jeder hat die Chance, sie zu nutzen. Seneca sagte vor mehr als zweitausend Jahren: „Wie lange ich lebe, liegt nicht in meiner Macht; dass ich aber, solange ich lebe, wirklich lebe, das hängt von mir ab." Und eine Tatsache ist unumstritten: Wir leben immer länger.

Nach einer aktuellen OECD-Studie liegt das Durchschnittsalter der Menschen in gut entwickelten Ländern bei 77 Jahren. In Deutschland liegt die Lebenserwartung bei rund 82 Jahren. Wir dürfen also 82 mal 31.536.000 Sekunden denken, fühlen, entscheiden. Und wir sind nicht weit davon entfernt, 120 Jahre und älter zu werden und damit die Summe unserer Lebensjahre um 50 Prozent zu erhöhen. Nie waren die Aussichten auf ein langes, erfülltes Leben verheißungsvoller. Sie steigen mit der Gesundheit, der Bildung und mit dem Glück, das jeder empfinden darf, wenn er sich darauf besinnt, das Beste aus seinem Leben zu machen. Pessimisten schreien auf, malen das Menetekel an die Wand: „Um Himmels willen, wer soll das denn finanzieren? Wir spannen doch schon den Rettungsschirm über Europa, wie sollen wir da noch die Alten durchfüttern?" Ich behaupte: „Wer gelernt hat, sich auf seine Fähigkeiten zu verlassen, mit Kreativität und Weitblick sein Leben zu gestalten, der wird eigenverantwortlich der Altersarmut vorbeugen." Neue Berufs- und Rentenkonzepte werden entstehen. Die Grenze der Arbeit wird nicht mehr bei 65 Jahren festgezurrt. Noch vor 20 Jahren gingen Männer und Frauen in den besten Jahren mit 56 in Frührente. Was für eine Verschwendung von Wissensressourcen und von Tatendrang! Heute versuchen die Politiker ein Rentenalter von 67 zu soufflieren. Wir bewegen uns in kleinen Schritten vorwärts.

Wer hält uns davon ab, einmal groß zu denken, einmal mit Visionen zu spielen? Klagen macht Geist und Körper müde. Und die Haltung zum Leben gebeugt. Und es hinterlässt Spuren im Gehirn, die langsam, aber sicher die Sicht auf das Gute platttrampeln. Alternativen zu finden, den Mangel an Mut zu überwinden, das erst erzeugt die Elastizität für die Zukunft. Denken wir nur an die Krisenszenarien zur Überbevölkerung in Europa der jüngsten Vergangenheit. Keine hat sich bewahrheitet. Heute sagen Forscher voraus, dass der Bevölkerungsanteil in Europa zum Ende des 21. Jahrhunderts bei lediglich fünf bis acht Prozent liegen wird.

Mit Krisenkreationen wird nur eins erreicht: Angst. Die aber führt niemals zu Wachstum und Lebensfreude. Wir sollten uns nicht wie ein ungesteuertes Schiff auf stürmischer See den Wogen der Medien und Schwarzmalern ausliefern. Viel sinnvoller scheint mir, sich mit einer gehörigen Portion Selbstbewusstsein an die eigene Verantwortung zu erinnern. Der Winspiration Day am 7. Mai ist ein Fokustag. Und mit einem mutigen Blick nach vorne auf jeden weiteren Tag kann die Einsicht entstehen: Meine Ziele bestimme ich und nicht die Politiker, nicht die Medien, der Lehrer, nicht der Chef, nicht irgendjemand sonst. Einzig wichtig für den persönlichen Erfolg und damit für den Erfolg der Gesellschaft bleibt die Prämisse, das zu tun, wofür man brennt. Schon der Ordensheilige des Zisterzienserordens Bernhard von Clairvaux im 12. Jahrhundert wusste: „Glühen ist mehr als Wissen."

Schicksal heißt nicht verzweifeln

Seit 2003, seit dem ersten Winspiration Day, folgten viele weitere in unterschiedlichen Formaten. Sie alle sind geprägt von Menschen, die Besonderes leisten, von Begegnungen, die man nicht wieder vergisst. Wie die mit Jim McLaren.

> *Ich begegnete Jim in einem Starbucks Coffee Shop in Santa Fé. Es war sein Blick, der mich fesselte. Ich sah diese Neugierde in seinen Augen, jede Sekunde Leben um sich herum einzufangen. Unter zig Gästen fiel mir die Intensität seiner Ausstrahlung auf. Hier war jemand, der extrem behindert aussah. Er saß im Rollstuhl. Seine Hände waren derartig verkrampft, dass er nicht einmal eine Flasche Mineralwasser aufschrauben konnte. Aber alles an ihm schien Ja! zum Leben zu sagen. Ich sah zu ihm hinüber und flugs wieder fort, wenn er das bemerkte. Ich trank den Kaffee hastiger als gewohnt, verließ den Shop früher als üblich. Und auf der Straße blieb ich stehen. Dachte nach. „Warum habe ich diesen Mann nicht angesprochen, warum habe ich ihm nicht gesagt, wie beeindruckt ich von seiner Aura bin?" In mir stieg das ungute Gefühl hoch, eine Chance auf ein ganz besonderes Gespräch verpasst zu haben. Ich drehte um, ging zurück, fast schien es, als hätte er damit gerechnet. Er nickte mir zu. Damit begann unsere Freundschaft.*

Jim McLaren war einst ein Sportidol in den USA. Bis das Schicksal zuschlug, bis er durch zwei schwere Unfälle vom Halswirbel abwärts gelähmt wurde. Ich fragte mich damals: Wie ist das möglich? Wie kann ein Mann, dem alles genommen wurde, was ihm bis zu den tragischen Unfällen wichtig war – seine Beweglichkeit, seine Schnelligkeit und seine Faszination für Sport –, wie kann ein solcher Mann mir so sensibel und lebensbejahend begegnen?

Die Antwort, die ich fand, erstaunte mich: Jim McLaren sah in seinem Schicksal einen Sinn, indem er versuchte, den Blick in der Gesellschaft für Menschen mit Behinderung zu schärfen, ihnen zu helfen, konkret und mental.

Jims Organisation erreichte, dass behinderte Männer, Frauen, Kinder weltweit nicht länger gemieden werden. Sie erhalten Hilfe. Er kämpfte auf seine intelligente und leise, auf eine selbstbewusste Weise für das Niederreißen von Barrieren. Innen und außen. Durch ihn haben Menschen mit Handicap eine Lobby. Dank Jim McLaren fanden sie einen Platz in der Gesellschaft und ein neues Selbstverständnis. Entwicklungshilfe sollte bei den Schwachen beginnen.

Ich überreichte Jim McLaren 2006 den Winspiration Award und 10.000 Euro für seine Stiftung Choose Living. Er kommentierte die Auszeichnung mit Worten, die die Idee des Winspiration Days trefflich umschreiben: „Es haben sich Leute kennengelernt mit dem gleichen Verlangen. Die haben keinen großen Plan gemacht, die Welt zu ändern. Vielmehr wollen wir den einzelnen Menschen erreichen und ihm helfen. Ihr habt mir geholfen. Ich habe Eure Energie gefühlt – und das sage ich jetzt nicht einfach so daher. Wer weiß, was die Zukunft noch bringen wird. Ich finde das sehr spannend und aufregend. Vielen Dank."

Am 31. August 2010 starb Jim McLaren. Danke, Jim, für deine Motivation, behinderten Menschen Mut zu machen und ihnen ein Medienecho zu bescheren. Danke für deine Worte: „Am Leben zu sein, das bedeutet eben Leben. Das ist etwas Gutes."

http://may7.org/kqyu — Video mit Jim McLaren

Unternehmen brauchen Werte

Minderheiten fehlt oft das Medienecho. Viel öfter streicheln Journalisten die Eitelkeiten von Vorständen in Institutionen und Unternehmen. Da liegt also viel im Argen. Auf Dauer kann es nicht nur um Eitelkeiten und Profit gehen. Wer nur arbeitet, um Geld anzuhäufen, verliert seinen Lebenssinn und landet in einer Depression. Unternehmen, denen es nur darum geht, Rechnungen zu schreiben, ohne die Qualität zu messen, denen fehlt auf Dauer die Reputation. Professor Dr. Hans Hinterhuber resümiert in seinem Buch „Strategische Unternehmensführung", dass ein Unternehmen auf Dauer nur eine Zukunft habe, wenn es Lösungen für gesellschaftliche Probleme liefere, denn: „der Mensch ist wichtiger als die Strategie". Wie Recht er hat.

http://may7.org/hbig — Buch von Hans Hinterhuber über Strategische Unternehmensführung

Es reicht nicht aus, wenn Unternehmen sich ein Mission Statement verpassen, das aus schönen Worten besteht. Werte werden erst wahr, wenn Mitarbeiter sie fühlen, inhalieren und verbreiten. Das geschieht immer dann, wenn Unternehmen ihre Aufgabe erfüllen, Mitarbeiter zu fördern, ihre Stärken zu stärken, der Selbstverwirklichung und Eigenverantwortung einen Raum zu verschaffen. Das erst vermeidet einen Burnout beim Einzelnen und einen Zusammenbruch im Gesamten. Das erst ermöglicht ein Arbeiten auf einem höheren Niveau, weil Freude mitschwingt, weil Großes entstehen kann, wenn Menschen sich inspirieren, weil ihr Herz für eine Vision schlägt. Dann hat Zukunftsangst keinen Nährboden mehr.

Zukunft sehen

Es gibt keinen Grund für Zukunftsangst. Wir sind dabei, einen Wohlstand zu erreichen, den wir uns heute noch gar nicht vorstellen können. Der Zukunftsforscher Mathias Horx wird nicht müde, darauf hinzuweisen, dass wir zu Ängsten neigen, die unbegründet sind. Noch heute steht in den Schulbüchern, dass eine Weltbevölkerungsexplosion bevorsteht und eine energetische und Nahrungsversorgung nicht möglich sein werden. Oder erinnern wir uns an die Prophezeiung zum Weltuntergang, den Esoteriker für Dezember 2012 posaunten. Sie bezogen ihre unsägliche Mahnung einzig aus der Tatsache, dass zu diesem Zeitpunkt der Kalender der Maya endete. Das Spiel der Interpretation kitzelte so manchen Redakteur wach, der sich anschickte, die Panik zu verbreiten. Weltuntergangsfilme wurden auf den Markt geworfen. Die Tourismusbranche rieb sich die Hände und maximierte ihr Reiseangebot nach Mexiko, Guatemala und Honduras. Die Erde aber dreht sich noch heute.

In den 1970-er Jahren ängstigte uns die Energiekrise. Sonntagsautoverbot und Schritttempo an roten Ampeln sollten helfen. Die Krise blieb aus. Szenarien wurden entworfen, in denen Menschen nur noch von Robotern operiert werden würden. Bis heute operieren Ärzte, besteht die Beziehung und das Vertrauen in menschliche Fähigkeiten. Auf der anderen Seite rückt die Welt näher zusammen. Digitale Medien informieren, prangern Unrecht und Menschenrechtsverletzungen aus den entlegenen Gebieten der Erde an. Neue Technologien machen Tempo. Niemand wird sich davor verschließen können, jeder ist gut beraten, sich weiterzubilden und deren Vorteile zu erkennen.

Waren Farbfernseher vor 50 Jahren ein Luxus, so schmücken heute Touchscreens die Wohnzimmerwände, oder es gibt Brillen mit Chips als Zugang zur virtuellen Welt zu jeder Zeit. Es ist noch keine 180 Jahre her, da fuhr die erste Eisenbahn zwischen Fürth und Nürnberg. Eine Sensation von 36 Kilometern Geschwindigkeit in der Stunde. Die Türen wurden damals vernagelt, um die 200 Gäste zu schützen, um keine Panik in den Waggons zu riskieren. Heute rast ein ICE mit rund 300 km/h durch die Länder. Die Fahrgäste lesen oder schlafen in ihren Polstern. Und morgen werden sie in einem Hightech-Zug in Raketendesign ausschließlich computergesteuert und völlig unabhängig von Witterungen über Schienen gleiten.

Die Kraft der Gedanken

Wir müssen lernen, in Zukunftssphären zu denken und endlich für Innovationen zu sein statt dagegen. Dann schonen wir Kräfte und geben dem Leben eine neugierige Note. Gehirnforscher fanden heraus, dass täglich bis zu 80.000 Gedanken unser Gehirn durchkreuzen. Lediglich sechs Prozent dieser Gedanken machen wir uns bewusst. Diese kümmerliche Ausbeute besteht zudem aus alten festgefahrenen Mustern. Das ist kontraproduktiv für den eigenen Lebensplan und für die Leistung der Gesellschaft. Auf Dauer erschlafft die Aktivität des Gehirns zunehmend, stumpfen die Sinne ab, wie bei einem Muskel, der nicht trainiert wird. Durch Methoden moderner Gehirnforschung wissen wir heute, dass sich bis ins hohe Alter Synapsen bilden, wenn das Gehirn trainiert wird. Wir müssen Reize setzen, Grenzen erweitern, Visionen entwerfen. Der Winspiration Day will dazu beitragen. Der Film

„The Secret" basiert auf dieser Erkenntnis: Mit der Kraft unserer Gedanken können wir erfolgreich werden, wie wir uns das nie zuvor erträumt haben. Wir müssen nur die Chancen ergreifen und uns auf das Wesentliche besinnen, einmal im Jahr und darüber hinaus an jedem weiteren Tag. Ähnlich wie am Valentinstag. Dann gehen wir mit der Liebsten essen und schmieden Pläne für Zweisamkeit. Am 7. Mai denken wir vorwärts. Wir laden Familie, Nachbarn, Freunde, Kollegen ein. Wir treffen uns privat und öffentlich. Wir setzen Impulse und denken groß und größer.

Der Purpose: Wofür es sich zu leben lohnt

Ein Apfel ist keine Birne. Und keine Züchtung kann daran etwas ändern. Im Kern behält die Frucht immer ihr Naturell. Wohl aber kann sie sich in Aussehen und Geschmack verfeinern, wenn die Bedingungen stimmen. Sie kann in Ruhe gedeihen und Reife entwickeln. Ähnlich verhält es sich mit den Gaben, die Menschen in sich tragen. Auch sie dürfen nicht missachtet werden, damit sie sich zu wahren Talenten formen können. Sie müssen erkannt und gepflegt werden. Dann erst zeigt sich die Sinnerfüllung. Ich nenne sie Purpose. Um am Ende des Lebens nichts zu bereuen, ist es wichtig, diesen Purpose zu kennen und zu stärken, um authentisch und glücklich zu sein. Der Fokustag kann dabei helfen. Einmal jährlich, am 7. Mai.

Wie schnell ersticken wir unsere Talente durch mangelnde Ausbildung, durch die Wahl falscher Berufe, für die wir 60 Stunden und mehr in der Woche schuften und letztendlich in einem Burnout zusammenbrechen. Mir imponieren die statistischen Zahlen über Arbeitsstunden und Leistungsnachweise nicht. Viel zu oft verbirgt sich dahinter ein persönliches Dilemma.

Statistiken sind beliebt im deutschsprachigen Raum. Besonders im Business wird jeder Bereich untersucht und in Zahlen benannt. Dadurch erhalten sie eine scheinbar seriöse Note. Sie beschreiben eine geschätzte Wahrheit, die aufrüttelt oder zum Gähnen verleitet. Je nach Thema oder Perspektive.

In Sachen Überstunden gibt das Statistische Bundesamt an: Die Deutschen arbeiten zu viel und zu lange. Was aber sagt eine solche Statistik über das persönliche Schicksal aus? Sie errechnet die Quantität der Arbeit, nicht die Qualität. Für mich zählt der Einsatz einer Krankenschwester auf der Intensivstation mehr als der Schulunterricht der Lehrer nach Plan. Die Statistik misst die Berufe in Zahlen, nicht die Berufung. Sie lässt die Freude an der Arbeit, die Sinnerfüllung im Leben außen vor. So steht am Ende jene Zahl von 60 Arbeitsstunden in der Woche, die Statistiker anmahnen. Das verleitet zur Diskussion, und zwar weltweit: Die Pessimisten kräuseln die Stirn und mahnen: „Die Ethik ist in Gefahr. Wir brauchen eine neue Richtlinie, sonst arbeiten wir uns zugrunde." Optimisten krempeln die Ärmel hoch und freuen sich: „Das ist ein gutes Zeichen. Es zeigt, dass immer mehr Menschen ihren Beruf zur Berufung machen, dass Zeit keine Rolle spielt, sondern das gute Gefühl am Ende des Tages."

Ich finde: Wir brauchen keine Arbeitszeit mit Limit, sondern eine Tätigkeit, die wir schätzen und lieben und von der wir wissen: Wir brennen für diese Aufgaben. Dann werden Überstundenrichtlinien überflüssig, und die 17.00-Uhr-Mentalität erledigt sich von selbst. Dieses Thema bewegt Europa und die USA. Bücher zu neuen Arbeitsstrukturen sind Trend. Die alte bismarcksche Pensionsgrenze von 65 Jahren wird endlich aufgebrochen und angeglichen an den demografischen Wandel, dessen überzogene Betrachtung wenig zielführend für die Lebensqualität sein mag. Weil einzig der Purpose ihn leiten sollte, ohne Verfallsdatum als Leistungsgrenze. Wo kommen wir hin in einer Gesellschaft mit Überalterungsprognose, wenn Menschen von 60+ rosten sollen, statt ihr Leben mit dem Beruf zu einem Elixier der Kraft zu mischen?

Von 65 auf 100

Für Menschen, die in ihrer Arbeit eine Befriedigung für sich und einen Zweck für die Gesellschaft sehen, endet die Motivation für Leistung nicht mit 65. Diese Grenze ist ein Relikt des vorletzten Jahrhunderts, als Lärm, Schmutz, Monotonie und Verschleiß die Menschen frühzeitig altern ließen. Längst haben sich die Rahmenbedingungen an Arbeitsplätzen geändert. Moderne Technologien und ein Bewusstsein für solche Gefahren setzen heute gesundheitliche Standards wie nie zuvor. Ein längeres Arbeiten ist möglich. Lebenslanges Lernen heißt die Zauberformel für herausfordernde Aufgaben, für ein elastisches Mitgehen mit den Ansprüchen am Markt und mit der Zeit. Niemand hat heute mehr eine Garantie auf einen Arbeitsplatz von der Ausbildung bis zur Rente. Und das ist gut so. Denn Wahl bedeutet Freiheit.

Dank Hygiene und interdisziplinärer Forschung, Ernährung und Bildung werden die Menschen in der westlichen Hemisphäre älter, immer älter, so alt, dass der Bundespräsident in Deutschland 2012 mit einem Glückwunschschreiben 6.8104 Bürgern ab 100 Jahren gratulieren durfte. Hundertjährige sind in unserer Gesellschaft keine Ausnahme mehr. Alte Menschen bleiben länger fit und rege. Sie wollen mitreden, mitgestalten, ihre Erfahrungen weiterreichen. Welch ein Fundus an Zeitgeist und Lebensklugheit, aus dem die nachkommenden Generationen schöpfen dürfen. Wir brauchen in unserer Gesellschaft einen vernünftigen Mix aus Alt und Jung, aus gegenseitiger Inspiration. Und lebenslanges Lernen erhält vor dem Hintergrund dieser Entwicklung eine besondere Qualität. Platte Sprüche wie „Was Hänschen nicht lernt, lernt Hans nimmermehr" sind wissenschaftlich widerlegt und gesellschaftlich nicht haltbar. Vielmehr muss es heißen: „Was Hänschen nicht lernt, lernt er als Hans eben später." Zeiten ändern sich – die Einsichten auch.

Bewegen statt jammern

Der demografische Wandel birgt ein riesiges Erfahrungspotenzial. Wir sind auf dem besten Wege, das zu erkennen und zu nutzen. Und mit Blick in die Zukunft wage ich die Prognose: Es könnte Europa gelingen, als starke Region aus der Finanzkrise, die lediglich eine Bankenkrise ist, hervorzugehen. Denn die Krise scheint mir ein Anlass zu sein, darüber nachzudenken, was wir tun müssen, um zusammenzuwachsen. Das ist die Aufgabe und das ist die Chance zugleich. Das wird Einfluss auf den gesamten Planeten Erde haben, auch wenn die Bevölkerungszahl des alten Kontinents lediglich acht Prozent betragen wird.

Um diese Krise in Europa zu bewältigen, sind drei Voraussetzungen zu erfüllen: die Vielfalt der Kulturen und der Sprachen zu schätzen, die Demokratie zu leben, die gesamte Bandbreite aus Kunst oder unternehmerischen Modellen einzusetzen. Denken wir an die großen Aufklärer wie Descartes oder Humboldt, an die ersten Demokratiegedanken, die sich von England her ausbreiteten, an Künstler wie Dürer, Beethoven, Goethe, Rodin, Picasso, Beuys, an die erfolgreichen Familienunternehmen, die Tradition und Innovation vereinen, an die Stiftungskultur.

Wenn Europa zusammenwächst, wenn es als verlässlicher Partner agiert und seine Freiheitsgedanken immer als Leitbild voranstellt, dann steht ihm eine blühende Zukunft bevor. Kein anderer

Teil dieser Erde lebt derart verlässlich im Frieden und hat ein höheres demokratisches Verständnis. Aber dieses Gut ist ein zerbrechliches. Das zeigt aktuell der Rechtsdruck in Ungarn. Aus meiner Sicht müssen sich die 27 Länder enger abstimmen, gemeinsam handeln und eine Idee von Zukunft entwerfen, indem sie die Bürger und Bürgerinnen mitnehmen, statt sie zu verunsichern. Europa braucht Programme für Bildung, für Gesundheit, für Glück und darüber hinaus die größtmögliche wirtschaftliche Freiheit, jenseits von einschränkenden Richtlinien und Regularien. Der Gehirnforscher Professor Manfred Spitzer bringt diese Prämisse auf den Punkt: „Wenn wir Europa nicht verändern, dann machen wir bald die T-Shirts für China."

Glück als Grundrecht

Nicht nur die Politiker sind verantwortlich für das Gelingen des großen Projektes Europa. Vielmehr kann jeder Einzelne zu dessen Erfolg beitragen. Jeder könnte sich fragen: Was können wir für die Politik in unserem Lande tun? So wie John F. Kennedy das einst anregte, etwa so: Nicht die Hände in den Schoß legen und auf Hilfe von oben warten, sondern selbst sein Leben in die Hand nehmen und vielleicht auch einmal über den eigenen Gartenzaun blicken, um wahrzunehmen, wie es dem Nachbarn geht. Jeder, der glücklich lebt, getreu seinen Fähigkeiten und seinem eigenen Lebenssinn, der wird für sich und für andere Leistung erbringen. Nicht Geld darf hier der Motor sein, sondern einzig das persönliche Glück. Ich kenne Männer, die fahren eine Luxuslimousine und haben am Monatsende Sorge, die Wohnungsmiete nicht zahlen zu können. Auf meine Frage, warum das Auto derart teuer sein müsse, antworten sie: „Das ist mein Statussymbol." Den Preis aber finde ich zu hoch. Das schränkt das Handeln und somit die persönliche Freiheit ein. Der Kopf muss frei bleiben für die wirklich erfüllenden Aufgaben, für die wahren Chancen im Leben.

Wir kennen sie alle, die großen Vorbilder, die ganz nach oben steigen. Ähnlich wie Paul McCartney. Er hat Musik im Blut und konnte sich niemals vorstellen, etwas anderes zu tun. Mit den Beatles oder ohne sie, als Solist oder Songschreiber – alles, was er in Angriff nahm, tat er mit Leidenschaft. Er ist heute der erfolgreichste Musiker aller Zeiten. So bin ich überzeugt, jeder Mensch hat eine Stärke in sich, eigensinnig wie ein Fingerabdruck, um Spuren zu hinterlassen – auch wenn Geld massig vorhanden ist. Einen Paul McCartney oder einen Michael Schumacher könnte Reichtum niemals daran hindern, Musik zu machen oder Rennen zu fahren.

Diese Stärke zu entdecken, zu entwickeln und zu leben darf niemals den Ansprüchen anderer geopfert werden. Nicht im Beruf und – schon viel früher – nicht in der Schule. Die kleine Fabel „Die Schule des Lebens" erzählt davon:

> *„Es gab einmal eine Zeit, da hatten die Tiere eine eigene Schule. Der Unterricht bestand aus Rennen, Klettern, Fliegen und Schwimmen und alle Tiere wurden in allen Fächern unterrichtet. Die Ente war gut im Schwimmen, besser sogar als ihr Lehrer. Im Fliegen war sie durchschnittlich, aber im Rennen war sie ein ganz besonders hoffnungsloser Fall. Da sie in diesem Fach so schlechte Noten hatte, musste sie nachsitzen und den Schwimmunterricht ausfallen lassen, um das Rennen zu üben. Das tat sie so lange, bis sie auch im Schwimmen nur noch durchschnittlich war. Durchschnittsnoten aber waren akzeptabel, deshalb machte sich niemand Gedanken dar-*

um, außer der Ente. Der Adler wurde als schwieriger Schüler angesehen. Zwar schlug er in der Kletterstunde alle anderen darin, als Erster den Wipfel des Baumes zu erreichen. Jedoch wurde er unnachsichtig und streng gemaßregelt, da er darauf bestand, seine eigene Methode anzuwenden. Das Kaninchen war anfänglich im Laufen an der Spitze der Klasse. Dann bekam es wegen des vielen Nachhilfeunterrichts im Schwimmen einen Nervenzusammenbruch und musste von der Schule abgehen. [...] Am Ende des Schuljahres hielt ein etwas seltsamer Aal, der gut schwimmen, etwas rennen, wenig klettern und sogar ein bisschen fliegen konnte, als bester Schüler die Abschlussrede." (aus: „Die Schule der Tiere" nach einer Geschichte von Georg H. Reavis)

Nichts scheint mir lebensbedrohlicher als den Sinn für die eigenen Fähigkeiten zu verlieren. Auf dem Winspiration Day 2005 in Berlin erzählte ich dazu eine Begebenheit, die sich in San Francisco zugetragen hatte:

Ich saß in einer kleinen Hafenbar, um zu entspannen, und sah den Fischern zu. Einer von ihnen bemerkte meine versunkene Beobachtung und sprach mich an: „Die Pelikane wären fast ausgestorben." Ich zuckte zusammen wie jemand, der aus einem kurzen Tagtraum aufgeschreckt war, und sah den alten Mann fragend an. Er hob den Arm und richtete damit meinen Blick weit auf das Meer: „Wir fahren heute kaum noch raus. Es lohnt sich nicht mehr. Das war fast das Ende für die Pelikane. Die ernährten sich nämlich von Fischdärmen, die wir ihnen zum Fraß ins Meer warfen. Tja, und irgendwann da hatten sie verlernt, für sich zu sorgen. Sie konnten es einfach nicht mehr. Sie wurden dünner und schwächer. Wir machten uns Sorgen. Bis einer von uns auf die Idee kam, einen Pelikan von weither zu holen. Einer, der noch wusste wie's ging." Der alte Mann nahm seine Kappe vom Kopf und drehte sie zwischen seinen

Fingern. Er schien nach Worten zu suchen. Dann sah er mir fest in die Augen. Seine Gesichtszüge wurden weich: „Können Sie sich das vorstellen? Wir holten einen Pelikan vom anderen Ende der Küste. Der wurde tatsächlich zum Vorbild für unsere, die das Fischen verlernt hatten. Es war, als hätte dieser eine wachgeküsst, was in den anderen steckte." Nach einem Räuspern flüsterte er, so ergriffen war er von seiner Geschichte: „Seither wissen wir: Jeder in der Natur hat seinen Platz. Und seine Fähigkeit. Das dürfen wir nicht unterdrücken." Ich legte meine Hand auf seine Schulter und antwortete von Herzen bewegt: „Danke. Danke für diese wunderbare Geschichte."

Die Würde des Menschen

So wie die Ente in der Fabel am besten schwimmen kann und der Adler am höchsten fliegen, so gibt es auch bei Menschen unterschiedliche Neigungen und Talente. Sie zu fördern, das ist für jeden Einzelnen eine Daueraufgabe. Spitzensport ist nur möglich durch Trainieren und Feinschleifen der besonderen Stärken, durch Ausdauer und das Vergegenwärtigen eines konkreten Ziels. Erst ein individuelles Programm stärkt unsere Körperkraft und macht in der Summe das Leben einer ganzen Gesellschaft bunt. Diese Erkenntnis sollten auch Lehrer abrufen und später Professoren und selbstverständlich auch Arbeitgeber. Nicht das Winken mit Boni sollte zur Leistung verführen. Untersuchungen zeigen, dass ein Herzinfarktrisiko mit der Unzufriedenheit im Job ansteigt. Menschen empfinden Aufgaben, die nicht zu ihnen passen, als Stressfaktor Nummer eins. Mit den Jahren richten sie sich zugrunde. Daran ändert auch der Modebegriff Work-Life-Balance nichts.

http://may7.org/hpnv — Der Nonsens der Work-Life-Balance

Es gibt keinen Ausgleich zu dem erstickenden Gefühl, Jobs zu erledigen, die nicht der eigenen Bestimmung entsprechen. Dennoch glauben Unternehmen, durch nette Sätze ihre Mitarbeiter bei Laune halten zu können. Sie formulieren Leitlinien wie: „Wir sorgen für die Work-Life-Balance unserer Mitarbeiter." „Wir begegnen jedem Mitarbeiter mit Wertschätzung." „Wir bilden und fördern unsere Mitarbeiter." Aber lediglich aufgeschrieben bewirken solche Sätze nichts. Erst Taten bringen Erfolge, indem Unternehmen sehr genau hinsehen, wie ihre Mitarbeiter ticken. Jeder Einzelne sollte seine persönliche Erwartung an seinen Beruf formulieren können und seinen Talenten entsprechend eingesetzt werden. Wir brauchen keine Gleichheit, wir brauchen unterschiedliche Begabungen für vielfältige Aufgaben. Wir brauchen unseren Lebenssinn, unseren Purpose, um aus einem Beruf eine Berufung, um aus den Alltagen ein Lebenswerk zu machen.

Aber wie erkennen Menschen ihren Purpose? Der Kern wird vor der Geburt bestimmt. Von dort aus kann er wachsen und blühen. Und mit viel Glück erfährt ein Kind eine liebevolle Begleitung, ein ursächliches Vertrauen und die Worte der Eltern und der Lehrer: „Du bist gut, so wie du bist. Aber werde niemals müde, dich anzustrengen, um das Beste aus dir herauszuholen. Lerne mit Disziplin, erreiche deine Ziele. Ich helfe dir dabei, wenn du das möchtest." Ich finde, das ist die Interpretation des Artikels 1 des Grundgesetzes: „Die Würde des Menschen ist unantastbar." Dem eigenen Potenzial gemäß zu leben, nicht müde zu werden, das Beste aus sich herauszuholen – das ist ein Schutz vor Leid, vor Depression und Burnout. Es ist die Methode der Wahl, um sich vor Fremdbestimmtheit zu schützen. Allerdings muss jeder wissen, wo seine eigene persönliche Grenze liegt, um sich nicht zu verrennen und sich gegen künstliche Ziele abzuschirmen.

Reimen wie Ringelnatz

In der Pubertät wollen Kinder sich abgrenzen, wollen erfahren, wer sie sind, was sie wollen. Die Schule aber will Angepasstheit. An die Klassengemeinschaft. An die Regeln. Und im Besonderen an die Lehrpläne.

Mir kam es im Alter von 14 Jahren lächerlich vor, die Reime von Ringelnatz aufzusagen, deren Klatschrhythmus vor dem Inhalt stand. Ich fand es überflüssig, mich vor die Klasse zu stellen und Christian Morgenstern zu zitieren. Woher sollte ich wissen, was er sich beim Dichten über die Möwe Emma gedacht hatte? Ich wollte das nicht interpretieren. Darin sah ich keinen Sinn. Er selbst gab doch zu, diesen Quatsch nur um des Reimes willen geschrieben zu haben. In seinem Wieselgedicht heißt es: „Ein Wiesel saß auf einem Kiesel, inmitten Bachgeriesel. Wißt ihr weshalb? Das Mondkalb verriet es mir im Stillen: Das raffinierte Tier tat's um des Reimes willen." Na, bitte.

Ich hätte mir Begleitung, Anregung, Ideen gewünscht zum Entdecken meines Ichs. So galt ich als Querulant, als Störenfried. So zog ich mich zurück. Ich erinnere mich noch gut, als ich einmal am Fuße der Schultreppe stand.

> *Es klingelte. Und bevor ich die Stufen hinaufgehen konnte – niemals zwei auf einmal, denn ich hatte es nicht eilig, in den Unterricht zu kommen–, kamen mir hundert Schüler und Schülerinnen rennend, erzählend, lachend oder schweig-*

sam entgegen. Sie kamen auf mich zu, und in der Menge verschwand der Einzelne. Sie liefen alle im gleichen Rhythmus die Treppe hinunter. Ich dachte: Würde jemand von ihnen fehlen, es fiele nicht auf. Das machte mich traurig, wobei mir gleichzeitig klar wurde: Ich will nicht im Gleichschritt treten. Ich will was anderes, etwas, das aus dem Rahmen fällt und nur mir gehört, das für mich einen Sinn ergibt.

Heute weiß ich, ich war auf der Suche nach meiner eigenen Sache, nach meinem Purpose. Dafür aber haben Lehrer bis heute keinen Blick.

Es sollte noch Jahrzehnte dauern, bis ich meine Bestimmung als Mentor finden würde. Wie so viele junge Menschen hatte auch ich keine klare Vorstellung davon, wohin die Reise gehen sollte. Umwege deuteten sich an, denn ich hatte nicht den Mut, meine Pfade allein zu entdecken. So trampelte ich auf breiten Wegen. Ich tat das, was Eltern mögen, was Freunde wählten. Zunächst war das ein Studium der Elektrotechnik. Dazu später mehr.

Jugendliche an der Schwelle zur Berufswelt sind meist orientierungslos. Wie fantastisch ist die Vorstellung, als 18-, 19-, 20-Jähriger klar zu wissen, wohin die Berufsreise geht. Ich wurde Anwalt und Unternehmer. Ich wurde reich, jettete mit Privatfliegern durch Europa. Das Glück fand ich auf diesen Flügen nicht. Im Gegenteil. Ich wurde an der Seele krank und traurig, glitt in eine Depression, weil der kleine Funke von damals, als ich die Reime von Morgenstern verweigerte, als ich nicht untergehen wollte im Einheitsbrei der Schulbildung, weil dieser kleine Funke niemals aufgehört hatte zu glimmen. Und gleichzeitig war das mein Glück. Denn in der Traurigkeit erkannte ich: Jammern hilft nicht. Jammern bedeutet Stillstand, im schlimmsten Falle Ohnmacht. Ich musste mich bewegen, um meine drei großen Lebensziele zu erreichen, die sich nicht von denen der sieben Milliarden Menschen auf diesem Planeten unterschieden: gesund, glücklich und finanziell unabhängig zu sein.

Mir wurde klar: Lange Zeit hatte ich meine Aufmerksamkeit nur auf den letzten Wunsch gerichtet, hatte mein Glück mit monetärem Reichtum gleichgesetzt. Die beiden anderen Koordinaten, Gesundheit und Glück, die waren damals verschwunden. Somit hatte mein Lebenssinn keine Farbe mehr. Seither bin ich überzeugt, dass der Selbsterhaltungstrieb des Menschen von solch gewaltiger Stärke ist, dass sich jeder selbst aus einer Krise ziehen könnte. Dieses Gefühl hat mich gerettet. In irgendeiner Stunde hatte ich jenen Geistesblitz, der meine eigene innere Welt schlagartig veränderte: Oft besuchen Erwachsene während einer depressiven Stimmung die Stätten ihrer Jugendzeit. Sie wollen sich die Kraft junger Jahre in Erinnerung rufen, sie wollen sich wieder spüren als Mensch, dem die Zukunft zu Füßen liegt. Das tat ich auch. Am tiefsten Punkt meiner Sinnkrise fuhr ich nach Berlin.

Wo könnten meine Gedanken zur Ruhe kommen? Wo würde ich die Freude auf Zukunft wieder erwecken können? Während ich durch die Straßen Berlins schlenderte, mich über die Eile der Passanten wunderte und über ihre rücksichtslose Gangart, zog es mich zur Universität, zur Mensa. Das laute Scheppern von Geschirr, das Rutschen der Stühle, das Lachen und Reden der Studenten drängte mir entgegen, nahm mich auf in diesen Raum aus Beton und Stahl. Der sah aus, klang, roch wie immer. Hier schien die Zeit stehen geblieben zu sein. Die Studenten frühstückten, mit vollem Mund plaudernd. Ich setzte mich dazu und wurde unvermittelt zum Zuhörer. „Schluss! Ich breche ab." Der Satz klang voller Entschiedenheit und führte am Nebentisch zu einer heftigen Diskussion: „Spinnst du?" „So kurz vor dem Ziel? In einem Jahr wirst du das Staatsexamen in der Tasche haben!" Die Kommilitonen rissen die Augen weit auf. „Überhaupt, was willst du denn machen?" „Ich habe mir das gut überlegt. Ich will kein Anwalt werden. Ich will keinen Streit entzünden und auch nicht schlichten. Ich will nicht in eine Kampfarena und geraderücken, was andere sich eingebrockt haben. Damit will ich mein Geld nicht verdienen." „Das fällt dir ja früh ein. Was willst du dann?" „Zu Hause bleiben, für unser Baby da sein." Verblüffung machte sich breit. Und in diese Pause gab der junge Mann, der gerade dabei war, seine Karriere zu beenden, bevor sie beginnen konnte, sein Statement ab: „Meine Frau und ich, wir haben gemeinsam entschieden: Ich werde Hausmann und halte ihr den Rücken frei. Sie wird als Reporterin in Krisengebieten arbeiten." Ein wenig unhöflich, aber neugierig geworden, drehte ich mich um, sah dem zukünftigen Studienabbrecher und Hausmann in die Augen und gratulierte ihm spontan zu so viel Klarheit und Wagemut. Und diese Geste galt auch ein wenig mir selbst. Denn: Nur ich allein kann meinem Leben einen Sinn geben. Nicht die Ärzte, nicht die Psychologen, nicht der Geschäftspartner oder die Freunde. Nur jeder für sich allein kann entdecken, was für ihn das Wesentliche im Leben ist.

Das kleine Fünkchen aus jungen Tagen flammte wieder auf. Und wurde größer. Es war gar nicht mehr zu ignorieren: Ich wollte meine ganz besondere Fähigkeit, meine Stärke leben. Ich wollte mit Menschen arbeiten, sie unterstützen, ihre Talente zu entdecken. Als Mentor, als Speaker. Ich konnte plötzlich auf den Punkt bringen, was so lange in mir mahnte: Schmeiß den Job. Beende die Karriere, die dir viel Geld bringt, die dir einen Privatjet, eine Yacht, ein Leben in Luxus ermöglicht. Sei radikal auf der Höhe deines Erfolges und werfe über Bord, was dich schwer und traurig macht. Ich tat es. Und hätte mir jemand gesagt, ich würde irgendwann für den Rest meiner Tage von Sozialhilfe leben, es hätte mich nicht abgehalten. Zu lange hatte ich als Rechtsanwalt für Mandanten gestritten, zu lange hatte ich darüber meinen eigenen Purpose vergessen. Und mit dieser Entscheidung flammten Ideen in mir auf, die sich gut anfühlten. Zum ersten Mal seit langer Zeit lächelte ich. Nicht nur mit den Mundwinkeln, sondern bis tief ins Herz hinein. Das fühlte sich richtig an. Vielleicht sahen es auch die anderen, die Passanten in Berlin. Sie kamen mir gar nicht mehr so hektisch vor, sondern sie sahen mir in die Augen, manchmal nickten wir uns im Vorbeigehen zu. Ich sah Kinder, die ihren Müttern hinterherliefen und glaubten, alles würde gut.

Ich wollte mit Menschen arbeiten, ihnen eine Idee von ihrem Leben geben, jenseits von Ringelnatz in der Schule und jenseits von Elternhäusern, die von Sozialhilfe lebten, was sich später in Hartz 4 wandeln sollte und doch nur ein Euphemismus für Armut blieb.

So wählte ich meinen anderen Weg. Die Entscheidung fiel nach dem Motto: Es gibt ein Leben vor dem Tod. Wie aktuell diese Einsicht auch heute ist, das zeigt der Bestseller von Bronnie Ware: „5 Dinge, die sterbende Menschen bereuen". Die Autorin trifft mit ihrem Buch den Nerv der Zeit. Die Angst, das eigene Leben zu vergeuden, scheint allgegenwärtig. Am Ende ihrer Tage bedauern Menschen, die nicht nach ihrer Bestimmung gelebt haben, jede einzelne verlorene Sekunde: „Ich hätte gerne den Mut gehabt, mein eigenes Leben zu leben und mich nicht von den Erwartungen anderer leiten zu lassen." Oder: „Ich hätte mir mehr Glück und Zufriedenheit gönnen sollen."

Diese Reuen lassen sich vermeiden, wenn wir uns täglich auf unseren eigenen Lebenszweck besinnen. Und zusätzlich ganz fokussiert einmal im Jahr. Wenn wir mit anderen Menschen gemeinsam in die Kraft gehen, dann steigern wir unsere Energie. Wir potenzieren sie um ein Vielfaches. An diesem einen Tag im Jahr, am 7. Mai, kann eine Vision von Glück entstehen. Auf großen Bühnen mit beeindruckendem Programm und ebenso in kleinem Raum zu Hause sind sich Menschen nahe, die einen gemeinsamen Traum haben: den einer erfüllten Zukunft. Dieser Traum wird wahr mit dem festen Glauben daran: The Best is yet to come.

Der Human Development Index: Ein Vierklang aus Bildung, Gesundheit, Glück und Geld

Die Menschen in Bangladesch leiden: unter den Naturkatastrophen und unter dem Raubbau an den Wäldern im Himalaya. Die Bäume, die einst die Wassermassen der Flüsse Ganges, Meghna und Brahmaputra regulierten, leben nicht mehr. Die reichen Staaten brauchen Holz. Sie verbrennen und verarbeiten es. Seither überschwemmt das Delta um Dhaka. Das vernichtet die Ernte, manchmal die Häuser und das gesamte Hab und Gut.

Das Land darbt an der Klimaerwärmung. Der Norden der Welt treibt sie munter voran im Rennen um das beste Bruttosozialprodukt. Bangladesch aber kann nicht sprinten. Denn Armut lähmt. Es mangelt an Nahrung und Hygiene. Kinder schuften, statt zur Schule zu gehen. Die Zukunft der Mädchen scheint der Rolle ihrer Mütter zu ähneln. Die haben zu parieren. Und sollten sie sich anderes erträumen als die Realität aus Arbeit und Gehorsam, so hätte das Konsequenzen. Von Salzsäure-Attacken verprellter Ehemänner und sogenannten Ehrenmorden wird berichtet, seit Fundamentalisten die Bevölkerung aufwiegeln. Das schüchtert ein. Frauen und Männer, die nie gelernt haben, sich gegen Willkür zu wehren, trauen sich keine Veränderung zu. Es fehlt ihnen an Bildung und Mut. Die Analphabeten-Rate liegt in den ländlichen Gebieten bei nahezu 90 Prozent. Und die Säuglingssterblichkeit beziffert sich mit 97 Todesfällen je tausend Geburten.

Wir schreiben das Jahr 1990. In jenem Jahr veröffentlichten die Vereinten Nationen erstmals ihren „Bericht über die menschliche Entwicklung". Die Kriterien erarbeitete ein Ökonom aus Südasien, einer, der die Verhältnisse kannte und wusste: Änderung erreicht ein Land nur, wenn es einen Beitrag leistet zum Glück seiner Bürger. Mahbub ul Haq richtete seine Forschungen auf die menschliche Entwicklung und seinen Fokus auf Südasien, rund um Bangladesch.

Ul Haq hatte ein Ziel: Er wollte die Entwicklung der Länder vergleichbar machen. Dabei bezweifelte er, dass die Summe aller Produkte und Dienstleistungen die Grundlage sein könne. Er fand, die Statistiken seien nicht moralisch, weil in diese Jahresergebnisse Rechnungen von schlechter Güte eingehen mit Geschichten von Krankheit, Katastrophen und Schicksalsschlägen.

Weitblick

Gemeinsam mit seinem Freund Amartya Sen aus Indien und weiteren Kollegen entwarf ul Haq eine Formel, um das Glück der Menschen zu messen. Diese Formel ist kompliziert, enthält Größen, die Kongruenzen bestimmen. Denn jeder Absicht folgt eine Handlung, und jede Handlung hat eine Konsequenz für sich und andere. Diese Formel besteht aus Koordinaten, Grenzwerten und Linien, auf denen sich die Indizes multiplizieren, teilen und wieder miteinander verschmelzen. Das ist die Theorie, die mathematische Gleichung von Glück. Sie blättert sich auf in diesem „Bericht über die menschliche Entwicklung" der Vereinten Nationen. Sie setzt sich aus den Werten Bildung, Gesundheit, Ernährung, Hygiene und Lebensdauer zusammen.

Entwicklungschancen

2013 erscheint der Bericht zum 23. Mal. http://may7.org/mspb. Er richtet ein Brennglas auf die Aufgaben des Staates, nämlich Entwicklung zu fördern, Bildung zu ermöglichen, Handel und Innovationen zu garantieren, Rechte zu wahren. Und er richtet ebenso den Fokus auf die Bürger, die ihr Leben selbst gestalten wollen. Wir können anhand dieser Berichte erkennen, dass Menschen umso glücklicher sind, je mehr sie mitreden, mitbestimmen, mitmischen können. Wir erfahren, wie beruhigend die soziale Wohlfahrt sich auf persönliche Krisen wie Arbeitslosigkeit und Arbeitsunfähigkeit auswirkt. Kurzzeitige Unterstützung spornt an, nach Krisen wieder aufzustehen, die Ärmel hochzukrempeln und Neues zu beginnen. Menschen wollen Chancengleichheit. Das erkannte Indien, als es per Gesetz erließ, dass jede Privatschule im Land 25 Prozent der begehrten Plätze an sozial schwache Kinder vergeben müsse. Und das erkannte Bangladesch mit seinen Programmen zur Stärkung der Rolle der Frauen in der Gesellschaft.

Heute weisen die Zahlen in den Tabellen, die Säulen in den Grafiken ein gänzlich anderes Ergebnis als im Jahre 1990 aus: Die Säuglingssterberate nimmt ab. Die Analphabeten-Quote sinkt. Frauen arbeiten in Handwerk und Industrie. Sie organisieren sich, angeleitet durch Nichtregierungsorganisationen, in Gruppen, bilden sich fort in Gesundheit, Ernährung und Hygiene. Sie wagen gar den Schritt in die Selbständigkeit, unterstützt von Muhammad Yunus und seinem Mikrokreditprogramm der Bank Grameen.

Ähnliche Entwicklungen vollziehen die Schwellenländer Brasilien und Indien. Gemeinsam mit China werden sie – so der Bericht– schon 2050 rund 40 Prozent der Weltproduktion erbringen.

Niemand muss hellsehen, um zu wissen, dass sich die Fakten weiter ändern werden. War England einst Weltmacht, so ist es heute ruhig geworden um die Mutter der Industrialisierung. Rolls Royce und Jaguar sind heute im Besitz indischer Familien. iPhones und iPads starteten ihre Erfolgsstory in Amerika und lassen heute ihre Produktion größtenteils in China herstellen. Diese Tatsache macht klar: Wir leben gemeinsam auf der Erde. Der brasilianische Autor Paulo Coelho zählt zu den meistgelesenen Autoren der Gegenwart, und seine Worte sind nicht nur literarisch, sondern auch politisch. Sie begründen gar den Anspruch des Human Development Index: „Letztlich geht es doch um Teilen. Und das liegt meiner Ansicht nach in der Natur des Menschen. Wir geben also nicht nur Geld; unser Ziel ist Unabhängigkeit – und dafür bekommen wir eine Menge zurück."

http://may7.org/mspb — UN-Bericht über menschliche Entwicklung 2013

http://may7.org/ndle — Paulo Coelho und Muhammad Yunus: „Lieber kein Geld geben"

Verhältnisse

Süden und Norden rücken näher zusammen, darin liegen wunderbare Chancen: The Best is yet to come, wenn die Menschen verstehen, dass nicht Profit allein im Vordergrund steht, sondern der Vierklang aus Bildung und Gesundheit, Glück und Geld. Dazu sagte ul Haq einen klugen Satz: „Überall auf der Welt vereinen sich die Menschen zu einer gemeinsamen Anstrengung: Sie wollen aktiv und frei an den Ereignissen und Vorgängen, die ihr Leben prägen, teilnehmen."

Das setzt voraus, dass Politiker den Rahmen für eine Teilhabe der Menschen weit und großzügig ziehen und die Menschen ihrerseits bereit sind, Eigenverantwortung zu übernehmen. Für sich und für ihre Familien. Es kann nicht darum gehen, die Hände in den Schoß zu legen. Ich finde, ein Bürgermeister, der von Party zu Party hüpft, das Verschleudern einer Milliardensumme beim neuen Flughafenbau BER mit einem Schulterzucken kommentiert und bei Schwierigkeiten seinen Aufsichtsratsposten kurzerhand mit seinem damaligen Vize tauscht, nimmt seinen Auftrag nicht ernst. Politische Verantwortung besteht nicht aus Taschenspielertricks, sondern aus ehrlichen Eingeständnissen, aus klaren Worten wie: „Das war ein Fehler. Entschuldigung."

Der reiche Norden in Europa hat Sorgen. Statt Verunsicherung auf allen Ebenen, statt Euro-Zweifel brauchen wir Mut zum Durchhalten und Programme, die die Talente der Menschen in den Mittelpunkt stellen. Ansonsten besteht die Gefahr, dass eine Abwärtsspirale entsteht, geleitet von Angst: Dann kündigen Unternehmen ihren Mitarbeitern. Dann verzichten Familien auf Konsum, Bildung und Sport. Dann folgt der Griff zu billigem Essen, und die Gesundheit schwindet schleichend. Der Norden, reich und généreuse, zeigt kleine Kratzer an der Oberfläche. So mag die Formel von Glück auch ein Seismograf für kleine Veränderungen nach unten sein.

Verantwortung

Besinnen wir uns also auf unsere Kraft, um durchzuhalten, um kreative Lösungen zu finden. Nutzen wir die Chancen, um im Aufwärtstrend zu bleiben. Ich finde es faszinierend, wie Entwicklungen eine Wende nehmen, wenn nicht das Denken an Katastrophen im Mittelpunkt steht, sondern der Glaube an qualitatives Wachstum und an qualitativen Reichtum. Auch das ist die Idee des Winspiration Days. Gute Gedanken an die Zukunft bewirken viel mehr als Schwarzmalerei. Es gibt immer zwei Perspektiven auf ein Ziel. Und ich bevorzuge eindeutig die positive, eindeutig den Blick auf das Glück. Das Leben besteht aus Veränderungen. Alles andere wäre Stillstand. Mit einer verantwortungsvollen Einstellung zum Wandel der Zeit werden wir Probleme lösen, moderne und freie Arbeitsformen schaffen, Innovationen und neue Technologien nicht kritisch beäugen. Ein afrikanisches Sprichwort sagt: „Wenn eine andere Musik spielt, kommt auch ein neuer Tanz."

Höheres Niveau

Ich nenne die Fokussierung auf das, was für uns wirklich zählt: Purpose living. Ein Bewusstwerden der besonderen Gabe sollte früh beginnen, schon in Kinderjahren. Ein zweijähriges Kind spürt erstmals sein Ich, ahnt seine Ausstrahlung. Eltern, die das erkennen und mit sanfter Hand stärken, die vollbringen Großartiges. Sie ermuntern ihr Kind zur Freude. Sie lachen gemeinsam. Und: Sie lassen Traurigkeit zu, verwischen sie nicht durch tröstende Worte. Trost mag zwar gut gemeint sein, aber zu früh ausgesprochen, nimmt er die Stimmung der Kinder nicht ernst. Gute Eltern zeigen: Wir sehen, dass du traurig bist und wir sind bei dir. So darf das Kind wählen, wie intensiv und wie lange seine Traurigkeit anhalten soll. Es weiß stets: So wie ich bin und empfinde, so bin ich richtig.

Mit diesem Selbstverständnis kann ein Kind sich selbst entdecken. Es kann von klein auf lernen, seine Absichten ernst zu nehmen. Es darf für sein Handeln Lob statt Missachtung erwarten. Es wird stark an sozialer und empathischer Kompetenz. Kinder, die derart klug begleitet werden, die haben es nicht nötig, als Jugendliche in Schulen zu randalieren. Und als Erwachsene werden sie nicht in der Sozialhilfe landen. Sie werden immer, auch unter schwierigen Umständen, im Leben den Glauben an sich selbst bewahren. Menschen sind nicht geboren, um sich durchfüttern zu lassen von Staat oder Unternehmen. Sie sind geboren, um ihre Vernunft einzubringen, ihre Visionen zu entwerfen. Sie wollen Teil einer Gruppe sein, Werte anerkennen und mit anderen gemeinsam in einem moralischen Verständnis ihren Beitrag für die Gesellschaft leisten. Menschen sind der wahre Reichtum dieser Welt. Und ihr Anspruch auf Glück ist ein universeller, mag er auch in unterschiedlicher Weise seine Erfüllung finden – einem Mönch reicht der Schlaf auf blankem Boden, einen Entwicklungshelfer rührt eine dankbare Umarmung, einen Unternehmer macht die Auszeichnung als bester Arbeitgeber im Mittelstand stolz. Wie auch immer die Ziele eines jeden Einzelnen aussehen, sie sind ein Streben nach Glück. Mit dieser Fokussierung werden Rang und Titel und der scheue Blick nach der Wertung anderer nicht mehr wichtig sein, wird die Anhäufung von Geld als Stressor empfunden, den es zu überwinden gilt. Es ist keine Frage, dass Geld Freude bereiten und einen Existenzkampf abfedern kann. Aber sobald Geld zum Selbstzweck wird, läuft etwas schief im Land. So bleibt in der Quintessenz aller Gedanken zum Glück für mich ein Satz am Ende stehen: Es geht nicht um die Entscheidung Glück oder Wohlstand, Purpose versus Profit. Es geht darum, beides zu vervielfältigen auf einem höheren Niveau.

Werte

Wie kann man Glück messen? Glücksforscher sagen, nicht die Jagd nach Profit, nicht das Bemühen um Effizienz sei leitend, vielmehr das Wissen um die eigene Kraft, um die Möglichkeit, Dinge zu verändern und das Allgemeinwohl positiv zu gestalten. Es lässt sich messen an der eigenen Zufriedenheit und der anderer. Dies erkannte das Königreich Bhutan, als es vor rund 30 Jahren ankündigte, jährlich einen Bericht zum Bruttonationalglück zu erstellen. Jährlich befragen Mitarbeiter des königlichen Superministeriums die Untertanen. Ein Blick in die Ergebnisse, stets gefärbt von buddhistischer Philosophie, könnte so manchem Politiker, so manchem Unternehmer der reichen Staaten dieser Erde eine Vorhersage sein. Vielleicht hätte eine Familie Schlecker früher verstanden, dass sich auf Gier kein Imperium aufbauen lässt. Ein Unternehmen kann auf Dauer nur erfolgreich sein, wenn es eine Kultur der Wertschätzung pflegt und seine Mitarbeiter fördert. Alles andere ist verlogen und zum Scheitern verurteilt. Vielleicht hätten Manager früher verstanden, dass ein Wirtschaften in die eigene Tasche auf Dauer keinen Gewinn bringt. Vielleicht hätten sie die Glosse um eine gesetzliche Begrenzung der Gehälter vermieden. Und vielleicht wäre die traurige Diskussion um eine

Frauenquote obsolet, weil Leistung und Engagement sich nicht auf eine Chiffre reduzieren lassen.

Glaube

Ja, ich glaube, Glück ist messbar. Deshalb haben wir in der Winspiration Day Association einen Glücksbogen entworfen und bitten unsere Mitglieder, ihn auszufüllen. Wir analysieren die Antworten und geben jedem Mitglied ein Feedback. Grundlage für den Glücksbogen bieten die Kriterien des Human Development Index. Darüber hinaus möchten wir eine weitere Facette hinzufügen: die eigene Spiritualität. Sie wächst in uns von Geburt an. Sie kann eine Stärke sein in widrigen Umständen und uns gar bewahren, nach Schicksalsschlägen den Lebensmut zu verlieren. Aung San Suu Kyi, Birmas Freiheitskämpferin, verbrachte mehr als 20 Jahre in Hausarrest, diktiert von der Militärjunta. Sie verzweifelte nicht. Sie ließ sich ihren Willen nicht brechen und bewahrte ihren Glauben an eine gute Zukunft: „Lasst uns einander die Hände reichen, um eine friedvolle Welt zu schaffen, in der wir in Sicherheit schlafen und voll von Freude aufwachen können." Es gibt Visionen, die verlieren niemals ihren Glanz.

Die Chancen: Krisen sind Herausforderungen

Als Mönch lehrt er Bescheidenheit. Als geistliches Oberhaupt verbreitet er Worte von Mitgefühl. Er wird nicht müde, von seinem Weg der Mitte zu reden, an dessen Ende die religiöse, kulturelle und sprachliche Freiheit Tibets stehen soll.

Seit 1951 leben die Tibeter unter der Herrschaft Chinas. Und keine Stimme in der internationalen Staatengemeinschaft konnte das bis heute ändern. Der Dalai Lama lebt im Exil. Mit seinem Glauben an die Rückkehr nach Lhasa macht er seinem Volke Mut. Für seine Philosophie des gewaltfreien Dialogs wurde er 1989 mit dem Friedensnobelpreis geehrt. Spätestens seit diesem Akt des Respektes ist der bescheidene Mann ein Vorbild für viele, die sich in ausweglosen Situationen wähnen.

Wenn der Dalai Lama in Vorträgen von der Klarheit der Gedanken spricht, von dem Leben im Hier und Jetzt, dann pilgern Zehntausende von Menschen zu ihm, um in Stille zu denken. Sie hoffen, in diesen gemeinsamen Stunden den Lebenssinn zu entdecken. „Erfreu dich an den Kleinigkeiten des Lebens, das Große kommt von ganz alleine", rät er seinen Zuhörern. Zuversicht und eine gesunde Portion Geduld, gar Hingabe klingen durch, und wer sich diesen Satz als Mantra bewahrt, der wird seine Gedanken in eine bessere Richtung lenken. Weil er sie auf die Gegenwart richtet, auf die vielen kleinen Erfolge an jedem einzelnen Tag. Auf das Glück jenseits von Angestrengtheit. Von Grönland bis Feuerland, rund um die Erde wollen die Menschen dieses Geheimnis des Glücks entdecken, vielleicht lüftet es sich durch die pure, unverfälschte Einsicht, dass Menschen leben, um glücklich zu sein.

Vergessenes Glück

Die erste Voraussetzung für Glück ist das Beenden des Leidens – so lautet eine buddhistische Weisheit. Wenn das so einfach wäre. Für viele Menschen aber beginnt das Leiden täglich neu. Sie machen sich auf den Weg zu einer wenig geschätzten Arbeit, und genau hier liegt die Krux: Sie mögen ihre Aufgaben nicht. Sie sagen sich: Das Geld reicht nicht, und eine Alternative gibt es nicht. Damit jedoch tappen sie in diese volkswirtschaftliche Profitsystematik hinein – eigentlich wollen sie nicht, aber anderes bietet sich nicht. Oder doch?

> *Als ich vor vielen Jahren als junger Mann mit dem Abitur in der Tasche überlegte, womit ich demnächst meine Brötchen verdienen könnte, fragte ich meine Eltern um Rat und schielte zu Klassenkameraden, was die so unternahmen in Sachen Ausbildung und Studium. Zwei von ihnen entschlossen sich, Elektrotechnik zu studieren. Ich auch. Also begann ich ein Dreimonatspraktikum bei Siemens. Das war Pflicht vor Studienbeginn. Alle nickten mir entgegen: „Ingenieur, Junge, werde Ingenieur, die braucht man immer."*

> *Mangels Argumenten und Alternativen meldete ich mich bei Siemens, stieg ein in die praktische Ausbildung. Heute würde man es Traineeprogramm nennen. Es wäre perfekt organisiert und mit Lernzielen gespickt, aber damals führte der Weg zum Betriebsingenieur direkt in die Werkshallen. Die Theorie wich der Praxis. Ich saß bereits in den ersten Tagen am Fließband, und zwar pünktlich zum Tagesbeginn ab 6.30 Uhr. So*

stempelte ich meine Karte, jeden Morgen und jeden Abend. Dazwischen schraubte ich Eisenbahnsignale. Ich fühlte mich einsam in dieser Eintönigkeit. Die Männer kamen nicht gerne her, das war mein Eindruck. Sie drückten die Stunden herunter, überlegten sich Verzögerungen, um die Stechuhr zu überlisten, indem sie in der Umkleidekabine duschten statt zu Hause. Das verlängerte die Arbeitszeit und sparte Freizeit. Mich wunderte das reservierte Verhalten der Kollegen zunehmend. Erst als ein junger Werkstudent verriet: „Die sind hier immer so. Das ist normal. Die haben Angst, dass du nach der Ausbildung ihr Vorgesetzter wirst", da stutzte ich. Sah so das Berufsleben aus? Tricksen gegen die Stechuhr und schlechte Stimmung gegen Kollegen? Ich sah mich um, blickte in ihre müden Gesichter. Die hingen fest in einem Job, der sie niemals ausfüllen würde. Welche Verschwendung von Lebenszeit! Der Mann, der morgens als Erster die Halle betrat, der die Maschinen per Knopfdruck laufen ließ und so den Arbeitsrahmen zog, der war übrigens der technische Ingenieur. Ich absolvierte mein Dreimonatspraktikum und keinen Tag mehr. Aber diesen Eindruck, wie Arbeit stumpf machen kann, den wurde ich niemals mehr los.

Geld zu verdienen heißt nicht, das Leben zu vergessen. Im Gegenteil. Wenn der Beruf zur Berufung wird, blühen Menschen auf. Mit dieser Einstellung folge ich gerne den Vereinten Nationen. Sie versuchen, in den Ländern neben Profit auch den Glücksfaktor zu messen. Der Human Development Index zeigt wie kein anderes Instrument, dass Nationen umso zufriedener sind, je höher ihre Gesundheit, ihre Bildung, ihre Freiheit auf individuelle Lebensentwürfe sich darstellt. Und diese Absicht klingt fast spirituell. Getreu den Worten des Dalai Lama, den Augenblick zu genießen, sollte jeder die 28.800 Sekunden eines durchschnittlichen Arbeitstages als eine vergängliche Kostbarkeit betrachten. Aber diese Sicht auf Glück wird immer dann vergessen, wenn Geldgier leitet. Dabei ist Geld nie der Purpose.

Krankenhäuser, deren ökonomisches System darin besteht, dass mit der Masse der Operationen die Zuschüsse steigen, führen die Wertschätzung des Menschen ad absurdum. Würden Medizinstudenten bereits an den Universitäten ihren inhaltlichen Schwerpunkt auf die Gesunderhaltung statt auf die Krankheit richten, dann würde die Moral eine andere sein. Dann würde das Skalpell nicht genutzt, um Verwaltungs- und Finanzdefizite auszugleichen, sondern nur um Leben zu retten. Dann würde Operieren nicht als Geldquelle dienen. Beratung, Prophylaxe und das Wählen von Möglichkeiten, die eine Gesundheit erhalten und auf lange Zeit sichern, stünden im Visier der Ethik. Ein Prüfungsfach Gesundheit gibt es nicht im Bildungssystem der Universitäten. Ein Dreh um 180 Grad in der Denkweise ist nötig. Operationen überflüssig zu machen sollte das Ziel in einem Krankenhaus mit einem hohen ethischen Leitbild sein.

Diese Gedanken möchte ich mit einer Antwort des Friedensnobelpreisträgers Muhammad Yunus verdeutlichen.

Chancen wachsen durch Eigensinn

Jährlich erblinden in Entwicklungsländern zwischen 350.000 und 500.000 Kleinkinder. Die deutschen Notärzte von Cap Anamur schlagen Alarm. Auch Bangladesch beklagt das große Leid. Muhammad Yunus besucht viele Familien in ländlichen Gegenden. Er hat schon früh den Zusammenhang zwischen dieser Kinderkrankheit und der Armut der Familien erkannt.

Yunus entwickelte ein Programm der Hilfe zur Selbsthilfe. Er gründete ein Mikrokreditinstitut, um ohne Zögern kleine Summen direkt an die Menschen zu verteilen, die mit einer Unternehmensidee bei ihm vorsprechen und somit der Armut entkommen wollen. Yunus gibt ihnen eine Chance, die manchmal nur 27 Dollar für ein Set Töpfe kostet. Damit zum Beispiel rettete er einen Mann aus seiner Existenznot. Fortan kochte der Empfänger des Mikrokredits am Straßenrand und verkaufte seine Gerichte. Durch Arbeit und eigenes verdientes Geld sollen Arme ein Selbstwertgefühl aufbauen und einen Stolz wiederentdecken, der mit dem Betteln verloren ging. Mit seiner Grameen Bank findet Yunus seither viele Nachahmer und internationale Anerkennung. Die Zeitungen sind ob dieser Art der Entwicklungshilfe voll des Lobes, und der Friedensnobelpreis hob den Wirtschaftsprofessor in den Kreis der weltweit geschätzten Experten.

Diese Kontakte nutzte Yunus, als die Rate der Erblindungen stieg. Er erkundigte sich weltweit bei Experten, um mehr über die Gründe der Augenkrankheit in seiner Heimat zu erfahren. Es bedurfte nur weniger Briefe und Gespräche, bis er ein Forschungsprojekt mit Pharmaziemagnaten initiierte. Schnell fanden sie gemeinsam heraus: Vitamin-A-Mangel ist der Grund für die Blindheit der Kinder. Die Ernährung durch Reis enthält zu viele Kohlenhydrate. Eiweiße und Vitamine fehlen. Die Hornhaut weicht auf, trübt ein. Dadurch verlieren die Kleinkinder das Augenlicht. Zudem trocknen die Bindehäute aus, das Immunsystem wird schwach. Für Kinder, die durch solch einen Ernährungsfehler erblinden, gibt es keine Rettung. Sie werden niemals wieder sehen, keine Operation kann die Krankheit korrigieren. Oftmals sterben die Kinder schon im Vorschulalter.

Jedes Mitglied der Forschungsgruppe war tief betroffen, wollte schnell und unkompliziert helfen, bot eine Versorgung der Kinder mit Vitamin-A-Pillen an. Unbürokratisch, gar lizenzfrei sollte das geschehen. Man könne ein Projekt von mehreren Jahren starten, das war die einhellige Meinung. Yunus lehnte ab. Zur Verwunderung aller sagte er: „Diese Art der Hilfe will ich nicht." „Warum nicht? Sie sind bekannt in Bangladesch. Ihnen vertrauen die Mütter. Mit Ihrer Hilfe werden wir die ärmsten Familien in den ländlichsten Gegenden erreichen und die Kinder behandeln dürfen." Yunus schüttelte den Kopf. „Aber wir können die Familien dazu bringen, jeden Tag diese Pillen zu schlucken. Warum wollen Sie diese unkomplizierte Hilfe nicht annehmen? Sie schützt vor weiterer Blindheit", wandten die westlichen Forscher ein. Der asiatische Starrsinn des Professors war unfassbar. Yunus aber war nicht starrsinnig. Er war besorgt. Er blickte weiter in die Zukunft des Landes, dachte an die Abhängigkeit, die mit diesem Projekt entstehen würde. „Das, meine Damen und Herren, kann nicht die richtige Lösung sein. Es ist oftmals besser, nicht nur einen Schritt zu gehen, sondern im Geiste viele weitere und dabei die Konsequenzen zu bedenken. Wir wollen keine Almosen. Wir wollen Nahrung in unserem Land."

Vitamin-A-Quellen sind u. a. Möhren, Paprika und Mangos. Muhammad Yunus schlug vor, all jene Obst- und Gemüsesorten, die Carotinoide bilden, in den Dörfern anzubauen. Das würde Arbeitsplätze schaffen und Menschen eine sinnvolle Aufgabe geben durch Säen und Ernten, durch Verkaufen und Verwerten. Er wollte die Familien darin schulen, wie Ernährung funktioniert, wie Nahrungsketten entstehen und den Körper gesund halten. „Dann erst kann eine wahre Hilfe entstehen, weil die Menschen den

Wert ihrer Arbeit verstehen, weil sie eine tiefe Erfüllung darin sehen werden, Gesundheit zu erhalten. Erst wenn wir unsere Glaubenssätze ändern und unsere Verhaltensweisen hinterfragen, sie immer wieder anpassen an die Zeit, dann erst können aus Krisen Chancen werden." Seither hat der Wirtschaftsprofessor im landwirtschaftlichen Bereich mannigfach Mikrokredite vergeben und weiß so manche Geschichte zu erzählen.

Yunus erreichte noch mehr. Die Blindheit der Kinder findet weltweit Beachtung. Die Hilfsbereitschaft wächst stetig. Neue Konzepte werden vorgestellt und geprüft. Warum? Weil die Bäuerinnen und Bauern nicht jammernd die Hände aufhalten, sondern arbeiten. Ganz langsam keimt die Zuversicht auf, dass sie ihren Kindern eine bessere Zukunft versprechen dürfen.

Eigeninitiative steckt an. Sie ist nutzwertiger als eine oktroyierte Hilfe von Institution zu Institution, von Regierung zu Regierung. Viel zu schnell können Abhängigkeiten entstehen und die Bedürfnisse des Einzelnen nicht genügend beachtet werden. So sehr NGOs sich auch bemühen, die Menschen und ihr Wohl in den Mittelpunkt zu stellen, so sehr besteht dennoch die Gefahr, dass Projekte scheitern, wenn Spendenmittel fehlen, oder dass Projekte lediglich genehmigt werden, weil sie ein Medienecho versprechen oder ein Image schärfen. Dieses Gefühl beschleicht mich immer dann, wenn Institutionen damit werben, sich in der sogenannten Dritten Welt als Helfer zu betätigen. Nach meinem Verständnis kann es keine Dritte Welt geben: Was wäre denn die Erste, was die Zweite Welt? Es gibt sie nicht. Es gibt nur eine. Wir leben gemeinsam auf diesem wunderbaren Planeten Erde und haben die Verantwortung, ihn zu schützen und ihn intakt unseren

Kindern und Kindeskindern zu überlassen. Ich wünsche mir, dass jeder Mensch für sich erkennt, welche Kraft in ihm steckt, was er für sich und das Gemeinwohl leisten kann.

Wahre Chancen werden erst in der Krise sichtbar. Wer einmal ganz unten war, der weiß: Auch in dunklen Tage ist noch ein Fünkchen Hoffnung zu spüren. Ich habe oft erlebt, wie schnell es wieder aufwärtsgehen kann, wenn eine Kraft aus eigenem Antrieb oder mit der Starthilfe anderer erkannt wird. Es gibt Beispiele für solche Schicksale, und immer berühren sie uns intensiv. Sie machen uns Mut, werfen einen Anker in schwere Zeiten. Ich habe dies besonders in meinen Kids Coachings erfahren: Manchmal bedarf es nur einer kleinen Zündung, um die Zukunft klar und hell zu sehen. Sobald der Mut auf Leben wieder geweckt wird, sobald Verantwortung für das eigene Wirken zur Leistung führt, entstehen Erfolgsgeschichten. Es ist völlig egal, wo auf der Welt dieser kleine Ruck hin zum eigenen Ich geschieht, die Menschen erkennen ihre Chance. Das gilt für alle Kontinente, das durfte ich in Europa, in Amerika, in Asien erfahren, und auch in Afrika.

Ein Lied in Afrika

Zweimal engagierte ich mich für das „Kids Coaching". 2005 gemeinsam mit Bob Proctor. Es war mir ein Anliegen, mit Kindern und Jugendlichen außerhalb der Schule zu arbeiten, zu reden, in Treffen und Telefongesprächen Themen anzubieten, die nicht von Stundenplänen geleitet sind. Was macht dir Freude? Was kannst du gut? Wie kannst du andere unterstützen? Ich wollte sie fernab vom schulischen Stress coachen, um ihnen eine Idee von ihrem eigenen Lebensentwurf zu geben, um gemeinsam mit ihnen ihre individuellen Fähigkeiten zu entdecken. Die Quintessenz dieser Jahre ist: Kinder sind lernwillig, begeisterungsfähig, leistungsorientiert. Noten brauchen sie dazu nicht. Sie lernen aus freien Stücken. Weil es ihnen Spaß macht und weil sie erkennen, welches Potenzial in ihnen liegt. Rückblickend kann ich sagen, dass die sozialen Schichten keine Rolle spielen, keine Beeinträchtigung im Lernen darstellen, wenn die Kinder nach ihren Talenten gefördert werden. Sie entwickeln Kräfte und Ideen und sind nicht mehr zu bremsen in ihrer Zukunftsphantasie. Und das ist eine globale Tatsache.

Im Rahmen eines NRO-Projektes fuhr die Writerin dieses Buches, Gabriele Borgmann, in den Senegal. Sie sollte mit einem Kamerateam einen Film über die Chancen verwahrloster Kinder drehen, denen im Rahmen dieses Projekts eine Schulbildung ermöglicht wurde.

Diese Kinder leben vor Dhaka. Mit dem Auto sind sie schnell zu finden. Wo die betonierte Straße endet, wo ein Pfad mit Schlaglöchern schmaler wird, die Häuser zu Hütten, Fenster zu Löchern werden, mit Lumpen verhängt, da beginnen die Slums. Kleinkinder sitzen im roten Staub, und eine Dunstwolke aus Alkohol durchzieht die Hitze. Die Väter sind Trinker. Sie stehlen und verkaufen die Waren auf den illegalen Märkten vor den Slums. Die Mütter prostituieren sich in jungen Jahren und sacken später in sich zusammen. Es gehört kaum Phantasie dazu. Man braucht nicht viel Phantasie, um sich auszumalen, wo diese Kinder einmal landen werden.

Mitten in dieses Elend startete ein Schulprojekt. Teilweise gegen den Willen der Eltern steckten die Mitarbeiter einer europäischen Institution die Kinder in eine Schuluniform. Sie holten die Kleinen jeden Morgen zum Unterricht ab und brachten sie abends wieder sauber, gut genährt und mit leuchtenden Augen zurück. Die Kinder begannen schnell, diese klapprige Schule zu lieben. Die war holzumzäunt und mit löchrigem Dach. Sie war ihr Refugium. Ein kleiner Brunnen bildete den Treffpunkt auf dem Schulhof, alte Affenbrotbäume spendeten Schatten.

Im Inneren saßen 50 kleine aufgeweckte Kinder in Reihen hintereinander und starrten fasziniert auf die Schiefertafel. Das Team durfte einen Tag lang Gast sein in dieser Grundschule vor den Slums von Dhaka. Es sah in die neugierigen Augen der Kleinen, strich ihnen über das drahtige Haar. Es setzte sich zu ihnen, wunderte sich über die Ordnung auf den Tischen und über ihre Sorgfalt in den Heften. Am Ende des Tages verabschiedeten sich die Kinder. Mit einem Lied. Die fünf-, sechsjährigen Knirpse sangen in einem Kauderwelsch aus Französisch und Deutsch „Alle meine Entchen". Sie lachten breit und übermütig, und da rückte die Welt ein wenig mehr zusammen. Manchmal verschluckt man eine Träne.

Kinder wollen lernen und Außergewöhnliches leisten. Sie suchen ihre Chancen im Leben. Es ist die Aufgabe der Erwachsenen, alles zu tun, damit sie ihren Blick dafür weiten. Kinder, die dies erfahren dürfen, entwickeln im Leben eine Resilienz. Sie können sich später als Erwachsene an unterschiedlichste Situationen anpassen, aber sie werden niemals ihren eigenen Purpose aufgeben. Sie werden immer den Mut und die Kraft haben, sich auf das zu besinnen, was sie wirklich können. Sie werden dazu beitragen, dass der Human Development Index die wirklichen Koordinaten für Glück misst: Gesundheit, Bildung, Freiheit in den Lebensentwürfen.

Die Freiheit: Das Leben selbst entwerfen

Freiheit ist ein großer Begriff. Für die Winspiration Day Association bedeutet Freiheit, dass jeder Mensch sich seinen Fähigkeiten und Talenten gemäß entwickelt, dass er Verantwortung für sich selbst und für andere übernimmt. Freiheit bedeutet für uns ebenso, dass Machtmissbrauch und Zwang keinen Raum haben dürfen, dass im Sinne von Immanuel Kant die Freiheit des Einzelnen dort endet, wo die Freiheit des Anderen beschränkt wird. Und dazwischen sollte jeder seinen individuellen Plan vom Leben verwirklichen, seinen Purpose von Kindesalter an entdecken dürfen. Für die Winspiration Day Association wächst Freiheit täglich mit Ideen und mit dem Mut, jenseits des Mittelmaßes zu glänzen.

Auch wenn ich weiß, dass vieles besser werden muss, so will ich dennoch festhalten: Die politischen und wirtschaftlichen Verhältnisse bieten in der westlichen Welt einen nährreichen Boden. Wir stehen nicht unter dem Traktat von Diktatoren. Wir dürfen ohne Angst vor Willkür dem nächsten Tag entgegenblicken. Demokratie und Rechtsstaatlichkeit sind dafür die Garanten. Unser System der freien Marktwirtschaft belohnt Leistung und fördert Wohlstand. Das erste Mal in der Geschichte breitet sich dieser Boden aus Frieden und Freiheit vor uns aus. Das war nicht immer so. Wir müssen nicht sehr weit zurückblicken, um den Wert der Freiheit zu schätzen, um sie als ein kostbares Gut zu pflegen, sie zu umhüllen mit all unserer Aufmerksamkeit, damit sie niemals wieder stirbt. Seit rund 60 Jahren erst genießen wir Freiheit qua Gesetz. Diese Zeitspanne ist wie ein Wimpernschlag in der Geschichte und kommt in unserem Alltag, in Unternehmen, Schulen und Familien gerade erst an.

Die Winspiration Day Association möchte einmal im Jahr Impulse setzen und Inspirationen versprühen. Sie möchte der Freiheit auf Selbstverwirklichung eine Bühne geben. Sie möchte einmal im Jahr, am 7. Mai, die Gedanken darauf richten, welch große Verantwortung jeder Einzelne für die eigene Zukunft und für die der Kinder trägt. Sie möchte Menschen an diesem einen Tag, und darüber hinaus an jedem weiteren, ermuntern, die eigene Kraft zu entdecken und daran zu glauben: Das Beste kommt noch. Wie wäre es, einmal innezuhalten und sich auf den Purpose zu besinnen, auf das, was wirklich zählt? Aus der Quantenphysik wissen wir, mit welcher Intensität Synergien wirken. Wie Wahrscheinlichkeiten sich zum Guten wenden, allein durch den Willen der Beobachter. Wir wissen, dass Entwicklungen eine positive Wende finden, wenn wir sie mit guter Energie begleiten. Es gibt unzählige Beispiele dafür, dass ganze Schulklassen aus vernachlässigten und gewaltbereiten Kindern durch eine engagierte Haltung der Lehrer zu einer Leistungsklasse aufgestiegen sind.

Wenn Lehrer an ihre Schüler glauben, pausenlos und ohne Einschränkung, dann werden Kinder ihr Bestes geben. Und dann lernen sie, sich eine gerade Haltung im Leben zu bewahren.

Glück neben Geld

Wir dürfen uns heute fragen, was wir wollen, und dürfen entfalten, was wir können. Ich gehe noch einen Schritt weiter und sage: Jeder Einzelne von uns hat sogar die Pflicht, kraft seiner Talente die

Funken für sich selbst und für die gesamte Gesellschaft sprühen zu lassen. „Wo die Gabe ist, da ist die Aufgabe" – das ist die Formel für Glück.

Glück ist aus einem leichten Stoff gewebt. Nicht aus den Gedanken an Geld. Wir ernähren uns auch nicht, um immer mehr und mehr Blut durch die Adern unseres Körpers zu jagen. Sondern wir essen und trinken idealerweise das Richtige, um gesund zu bleiben und mit allen Sinnen am Leben teilzunehmen. Ähnlich verhält es sich mit der Arbeit und mit dem Geldverdienen: Wer nur tätig wird, um Geld anzuhäufen, der verrät seine Seele. Glück und Zufriedenheit bleiben irgendwann auf der Strecke. Unternehmen, die ihren Sinn nur darin sehen, die Zahl der gestellten Rechnungen zu erhöhen, ohne auf die Qualität der Leistung und auf den Sinn des Handelns zu achten, haben am Markt keine Zukunft. Sie bluten aus. Pero Mićić, Zukunftsmanager und Redner auf dem Winspiration Day 2006 in Baden-Baden, schreibt dazu: „Wir müssen unsere Unternehmen so gestalten, dass sie keine Umsatzwachstumsjunkies sind. Wir müssen frei sein von der Sucht nach und von der Abhängigkeit von Wachstum. [...] Wenn es irgendwo anhaltendes Wachstum gibt, dann in der Lebensqualität, ganz gleich auf welchem Niveau. Natürlich unter der Voraussetzung, dass wir mit unserem Planeten nicht mehr so kurzsichtig und rücksichtslos umgehen."

Banker, die Milliarden an die Wand fahren, um persönlichen Profit zu generieren, die verursachen gar einen gesamtwirtschaftlichen Kollaps, eine Wirtschaftskrise. Es ist höchste Zeit, mit unserer Freiheit verantwortlich, selbstverantwortlich umzugehen und die Konsequenzen unseres Handelns zu bedenken. Wer wirklich seine Stärken stärkt, seine Karriere nach individuellen Kriterien plant und Moral beachtet, der wird Höchstleistung erbringen und finanzielle Sicherheit erreichen. Dann brauchen wir keine Streiks mehr. Dann können Gewerkschaften endlich ihre Sprache ändern und statt zum Arbeitskampf zum Arbeitssinn aufrufen. Vielleicht werden sie auch gänzlich überflüssig. Niemand sollte sich mit Mindestlohnversprechen ködern lassen, sich kleinhalten lassen in seinen Fähigkeiten, sich unter Wert bezahlen lassen. Das würde auf Dauer in einer menschlichen Katastrophe enden. Vielversprechender ist es, seine Fähigkeiten im großen Stil zu planen und sich weiterzuentwickeln. Wenn Gewerkschaften die Transformation hin zu einem Strukturwandel schaffen, in dem lebenslanges Lernen Raum findet, in dem Hierarchiestufen flach sind und Menschen ein Selbstwertgefühl empfinden, dann sind Gewerkschaften angekommen auf der Höhe der Zeit. Dann erhalten Lockführer, die für einen Euro fünfzig mehr Lohn in der Stunde ihre Aufgaben niederlegen und dafür Millionenschäden in diesem Land anrichten, keinen Beifall mehr. Es steht jedem frei, den Job zu quittieren, wenn die Bedingungen nicht mehr stimmen.

Neue Technologien, andere Arbeitszeitmodelle, größere Spielräume für den Einzelnen werden die Zukunft beeinflussen, und zwar jenseits von Acht-Stunden-Tagen im Stechuhrtakt und kalkulierter Gehaltssteigerung bis zur Rente. Das Beste kommt noch, wenn Menschen die Augen öffnen und mutig werden. Schon Perikles wusste: „Das Geheimnis der Freiheit ist der Mut."

Mut zum Ziel

Als ich den Winspiration Day 2003 ins Leben rief, wollte ich Geschichten erzählen von Menschen, die für ihre Freiheit leben, die sich nicht aufhalten lassen, egal welches Schicksal sie erlitten haben. Marianne Williamson schrieb: „Es dient der Welt nicht, wenn du dich klein machst. Sich herabzusetzen, nur damit sich unsere Mitmenschen nicht verunsichert fühlen, hat nichts mit Erleuchtung zu tun. Und wenn wir unser Licht leuchten lassen, geben wir damit anderen unwillkürlich die Erlaubnis, dasselbe zu tun. Wenn wir losgelöst sind von unserer eigenen Angst, wird unsere Anwesenheit andere befreien – ganz ohne unser Zutun."

Die Worte klingen noch heute nach. Und sie könnten das Credo sein für jeden Jugendlichen, um an seinen Träumen vom Leben festzuhalten, um niemals aufzugeben – auch nicht unter widrigen Umständen.

Die Schwierigkeiten für junge Menschen beginnen bereits in der Schule. Davon erzählen Filme wie „Coach Carter". Mir wurde das bewusst, als ich gemeinsam mit Bob Proctor Jugendliche coachte, um ihnen eine Idee von Zukunft zu geben. Die Eltern unterstützten unser Projekt, ihre Kinder ohne Notenstress und Leistungsdruck zur Weiterentwicklung zu motivieren. Und was geschah, war so viel mehr als das Arbeiten für gute Klassenarbeiten in einem Standardsystem. Die jungen Menschen verloren ihre Angst vor dem Lernen. Einzig die Gespräche, das Zuhören, das Hinsehen und Entdecken spornte sie an, besser zu werden. „Jetzt stelle ich fest, dass in meiner Klasse keiner Ziele hat. Nicht mal der Lehrer", erklärte mir ein 14-jähriger Junge. Welche Schätze schlummern dort und werden doch täglich zugeschüttet durch die Phantasielosigkeit unserer Schulpläne. Als diese jungen Menschen auf dem Winspiration Day 2006 auf der Bühne standen, mit geradem Rücken und mit erfrischender Offenheit ins Mikrofon riefen: „Es fühlt sich so gut an, zu wissen, was ich kann." „Meine Noten werden besser. Nicht weil ich mehr lerne. Weil andere mich akzeptieren." „Ich stehe hier und sage einfach so, was ich denke. Das ist toll. Danke!" – da waren die Eltern gerührt und hatten Tränen in den Augen. Mit jungen Menschen zu arbeiten und irgendwann ihre Idee vom Leben zu hören, das sind wunderbare Momente. Und ich wünsche mir, dass sie an ihrer Idee ein Leben lang festhalten, ähnlich wie Nelson Mandela an seinem Lebensplan festhielt. Wir brauchen solch großartige Vorbilder.

Ein Auslöser für den Winspiration Day war die Bemerkung der Bundeskanzlerin Angela Merkel im Jahre 2003, dass zwei Millionen Kinder in Deutschland, einem der reichsten Länder der Erde, von Sozialhilfe lebten.

Kinder aus armen Familien haben es in Kindergärten, Schulen und Berufen ungleich schwerer als reiche. Ihre Eltern haben oftmals resigniert. Kommunikation findet zu Hause kaum statt. Ihr Wortschatz verkümmert. Eine Synapsenbildung im Gehirn kann nicht entstehen. Statistiken zeigen, dass Kinder aus armen Verhältnissen vor den Schulferien sprachlich auf der Höhe des Durchschnitts stehen und nach den Sommerferien drastisch darunter. Arme Kinder flüchten sich öfter als andere in digitale Welten, und die Abwärtsspirale dreht sich schneller. Solchen Kindern fehlt die Inspiration. Professor Dr. Manfred Spitzer führt in seinem Buch „Digitale Demenz – Wie wir uns und unsere Kinder um den Verstand bringen" auf, wie Sprach- und Lernstörungen entstehen.

Für seine Forschungen zu einem gehirngerechten Lernen und zu einem freudvollen Leben erhält Manfred Spitzer 2010 den Winspiration Day Award.

http://may7.org/emhi — Video: Vortrag Prof. Spitzer

Arme Kinder lernen nicht, sich selbst zu verwirklichen. Nicht zu Hause. Nicht anderswo. Ihr Raum ist eng, begrenzt durch die Verhältnisse. Und nach meinen Erfahrungen weiß ich: Wir müssen unsere Bildungsinhalte ändern. Wir müssen alles daran setzen, um diese Kinder aus dem Armutsdilemma herauszuholen. Kinder brauchen Vorbilder, die ihnen zeigen: Es lohnt sich, für den eigenen Weg zu kämpfen. Joana Zimmer hat nie aufgehört, an ihr Talent zu glauben und ihren Weg mit Fleiß zu gehen. Die junge Sängerin steht heute erfolgreich auf internationalen Bühnen. Sie ist blind und hat mit ihrem Schicksal nie gehadert. Maren Opfermann stellte den Sport mitten in ihr junges Leben. Sie glaubte an ihren Durchbruch. Sie wurde Weltmeisterin im Rhönradturnen und coacht heute selbst junge Menschen auf dem Weg zum Ziel.

Es ist falsch, Hauptschülern zu zeigen, wie sie Anträge auf Sozialhilfe ausfüllen. Wir brauchen vielmehr eine neue, eine freiheitliche Facette im Lehrplan, damit junge Menschen lernen, mit ihrer Verantwortung gewissenhaft umzugehen und ihre individuellen Fähigkeiten zu stärken.

Freiheit als Schulfach

Unser Bildungssystem richtet die Blende auf den Kollektivismus. Nicht auf die individuellen Fähigkeiten. Im Lichtkegel jeglicher

Betrachtung stehen Rahmenpläne mit Vorgaben, Kompromissen und Traditionen. Jedes Bundesland mixt in diesem Einheitsbrei herum, würzt je nach Geschmack ein wenig. Diese Kost sollen junge Menschen konsumieren. Ungefragt. Die Schulpflicht wird in ein Vakuum ohne Verfallsdatum gepackt. Seit rund 200 Jahren ist sie gültig, dabei wandelt sich bekanntlich nichts schneller als die Zeit. Längst sind vielschichtige Lösungen fällig. Ein Blick nach Amerika oder Frankreich zeigt einen vagen Trend: Home Schooling. Es gibt Erfolgstorys von Kindern, die niemals eine Schule besucht und ihre Bildung jenseits von Klassenräumen bezogen haben: zu Hause, bei Verwandten, in kleinem privaten Bildungskreis. Sie hatten dennoch Erfolg im Beruf und im Leben. Wie groß wäre der Schritt in Deutschland, würden Eltern in die Lage versetzt, mit einem Lernfach „Freiheit" verantwortungsvoll umzugehen und die Lebensziele mehr zu beachten als die Lernziele.

Oder sehen wir nach Indien: Private Universitäten beanspruchen einen Elitestatus. Dort erreichen die Studenten ihre Abschlüsse in Rekordzeit. Weil sie ihre Module selbst wählen. Weil im Vordergrund die Freude an der Forschung steht, und nicht der Sprint durch Regelzeiten.

Je freier junge Menschen sich fühlen, desto mehr wird der Sinn für Zukunft wachsen. Wir können auf dem Weg zu unserem Ziel abstürzen. Wir können Misserfolge erleiden. Aber wir sollten uns nicht mit einem Mittelmaß zufriedengeben oder in Armut einrichten.

Konsequent in die Zukunft

Ich kenne die Höhen und ebenso den Absturz: Ich war damals vor vielen Jahren sehr erfolgreich. Meine Anwaltskanzlei und Steuerberatung florierten, mein Immobilienunternehmen packte große Projekte an. Nach außen schimmerte die Fassade. Ich dachte damals, ich müsse weiter, immer weiter auf dieser Karrierespur und entfernte mich in diesem Geschwindigkeitsrausch von mir selbst. Das hatte Folgen: Ich verhedderte mich in den Aufgaben. Das Strampeln im Hamsterrad machte mich atemlos. Ich verlor das Gefühl für meine persönliche Freiheit. Und am Ende stand ich da mit einem Schuldenberg von rund 2,5 Millionen Mark. Der Absturz traf mich hart.

An diesem Tiefpunkt schwor ich mir: Sollte sich jemals wieder der Weg nach oben öffnen, dann werde ich ihn selbstbestimmt gehen und als Individualist. Und mit diesem freien Blick erkannte ich meine Chancen. Ein Perspektivenwechsel fand statt.

Seither weiß ich: Wenn sich die Paradigmen verschieben, dann hört der kleinliche Tanz ums Goldene Kalb auf. Dann ist Geldverdienen nicht der Sinn im Leben, sondern ein Effekt, der sich einstellt, wenn Leistung wächst und Freude antreibt.

Ein Perspektivenwechsel befreit uns von negativen Suggestionen und gestattet uns wieder, Wünsche zu formulieren. Wir brauchen Kreation statt Kompetition. Wir brauchen Win-Win, statt Lose-Lose. Damit Wachstum jenseits von Einschränkungen entstehen kann. Steve Jobs begann bastelnd in einer Garage. Er wurde belächelt. Er war Getriebener seiner Vision. 20 Jahre später ist Apple das teuerste Unternehmen der Welt und revolutioniert viele Wirtschaftsbereiche. Jobs nahm sich die Freiheit, durchzustarten und nicht an Regularien zu scheitern.

Die Winspiration Day Association will anregen, das eigene Lebensziel nicht aus den Augen zu verlieren und weit im Voraus zu denken mit der Gewissheit, dass wir erst am Anfang stehen, dass wir das Beste noch vor uns haben. Das ist beruhigend. Aber es ist auch die Aufgabe eines jeden Einzelnen, mit seiner Freiheit bewusst umzugehen, sie zu gestalten – mit Moral und Mut.

Das Portrait

Samy Molcho fragte mich einmal: „Warum machst du das? Warum reist du einmal jährlich in Städte, in Länder, über Kontinente hinweg, um einen Preis zu verleihen?" Die Frage kam unerwartet. Sie kam von einem Mann, der seit vielen Jahrzehnten Menschen inspiriert mit seinem Charme, seinem Humor und seinem Wissen um die Sprache des Körpers. Unter Samys Blicken gelingen keine Ausflüchte. So antwortete ich ohne Schnörkel: „Großartige Leistungen beeindrucken mich." Er zog die rechte Augenbraue hoch. „Aber dafür gibt es Nobelpreise." Ich erkannte sein intelligentes Spiel mit Worten und ließ mich darauf ein: „Ja, das stimmt. Jeder Nobelpreisträger steht für eine Geschichte aus Wissen und Forschen. Das ist phantastisch. Aber weißt du, Samy, mit meinem Preis will ich ein Licht auf Männer, Frauen und Kinder richten, die mit ihren Visionen die Welt ein wenig besser machen. Auf Menschen, die trotz körperlicher Einschränkungen, Schicksalsschlägen oder Benachteiligungen Großartiges leisten. Auf Menschen, die andere auf eine wunderbare Weise inspirieren, die für ihre Idee brennen und mit ihrem Wissen und ihren gelebten Träumen uns immer wieder sagen: ‚Entdecke deine Fähigkeiten'."

Auf den nächsten Seiten möchte ich Ihnen einige im Gespräch oder im Porträt vorstellen. Bitte folgen Sie mir.

Professor Muhammad Yunus, Friedensnobelpreisträger

„Arme Frauen gibt es auf der ganzen Welt."

Die Diskussion, ob Geld glücklich macht oder nicht, ist ein Schlagabtausch zwischen Philosophen, Unternehmern und Politikern auf hohem Niveau. Er findet meist statt in Gesellschaften, die den Luxus an Zeit und Gütern genießen, um dieses Thema mit Genuss zu beleuchten. Sie sind wohlgebildet, wohlgenährt und bewegen sich in der Regel zwischen ihresgleichen. Ein Blick aber nach – sagen wir – Bangladesch würde so manchen zusammenzucken, innehalten lassen, um dann dieser Diskussion eine andere Färbung zu geben. Sie würden erkennen: Ja, Geld macht glücklich, weil es schon in kleinen Beträgen Schicksale ändern, gar Leben retten kann. Darüber weiß der Wirtschaftswissenschaftler Muhammad Yunus viel zu erzählen. Er gründete die Grameen Bank, verteilte seit 1983 Mikrokredite an die Armen im Land und erhielt 2006 für diese Leistung den Friedensnobelpreis. Ich traf Muhammad Yunus zu einem Gespräch, das zum Nachdenken über Geld und Glück anregt:

Sie sagen, Sie wollen die Armut beenden. Doch ist das wirklich möglich?

Wir können eine Welt ohne Armut schaffen. Denn es gibt da ein Geschenk, über das ein jeder Mensch verfügt, nämlich ein unbegrenztes Potential und eine grenzenlose Kreativität.

Das steckt in jedem von uns, man kann das aus keinem Menschen herauslösen. Wenn die Gesellschaft es mir ermöglicht, mein Geschenk zu entfalten, brauche ich nicht mehr arm zu sein, weil ich weiß, dass ich über Talent und Kreativität verfüge, und ich kann der Armut entfliehen.

Viele Menschen stecken in der Armut fest. Manchmal fällt es ihnen schwer, sich aufzumachen und das große Bild zu sehen. Glauben Sie, es ist Zeit für einen Paradigmenwechsel, und zwar in den Köpfen der armen und der reichen Menschen?

Der größte Teil des Wandels muss von außen geschehen, weil die Armut von außen aufgezwungen wird. Sie wird nicht von den Armen erschaffen, sondern durch das System, durch die Institutionen, durch die Politik, durch die Vorstellung, die wir von den Dingen haben. Das alles müssen wir verändern. Ich spreche oft darüber, dass die Finanzinstitutionen sich nicht nur um die Reichen kümmern sollten. Wir können eine ganz andere Art von Finanzinstitution schaffen, die sogar Bettlern den Zugang zum Finanzsystem ermöglicht. Das ist nicht nur eine Idee.

Im Gegenteil. Sie haben es ja selbst bewiesen.

Wir machen das ständig. Das ist nichts Ausgefallenes oder Utopisches, sondern unser tägliches Brot. Das ist unsere Aufgabe. Doch das Bankensystem hat sich noch nicht verändert. Heute ist es in eine große Krise geraten.

Sie sind ja auch an vielen Schulen aktiv. Gibt es denn spezielle Unterrichtsprogramme für Kinder, die die Paradigmen verändern?

Absolut, wir wollen ja das System verändern, und das System beginnt in den Köpfen. Deshalb muss sich das Erziehungssystem verändern. Wir müssen ganz andere Konzepte entwickeln und sie den jungen Menschen vermitteln.

Ich spreche auch oft über Unternehmenskonzepte. Das einzige Unternehmenskonzept, das in der kapitalistischen Wirtschaftstheorie existiert, besteht im Geldverdienen, gerade so als ob der Mensch eine Geldmaschine wäre. Da wird der Mensch als einseitiges Wesen gesehen, das immer nur Geld verdienen will. Um die multidimensionale Sichtweise des Menschen zu fördern, sage ich oft, dass wir auch eine andere Art von Unternehmen in die Theorie integrieren müssen, nämlich die, die Gutes tun, anstatt nur an ihren Profit zu denken. Das nenne ich Sozialunternehmen.

Sozialunternehmen und profitorientierte Unternehmen können in demselben Marktumfeld nebeneinander existieren. Deshalb lehren wir unsere jungen Menschen, dass sie die Wahl haben. Man kann auch beides tun und sich sagen: „Hiermit verdiene ich Geld, und dieses Geld kann ich dann einsetzen, um jenes zu tun." Das alles sagen wir den jungen Leuten. Sie müssen sich dann überlegen, welche Welt sie sich erschaffen wollen, denn schließlich sind sie ja nicht die Passagiere auf dem Raumschiff Erde. Nein, sie sind die Piloten. Sie sollen den Zielpunkt festlegen. Sie sollen entscheiden, was dort geschehen soll. Dann sollen sie sich aufmachen und ihre Ideen verwirklichen. Doch heute gibt man den jungen Leuten keine Aufgabe.

Man bringt ihnen bis ins letzte Detail bei, ein Unternehmen zu führen, aber wozu soll dieses Unternehmen dienen? Was wollen sie hinterlassen, wenn sie eines Tages diesen Planeten verlassen? Heute haben alle Leute so viel zu tun.

Es sieht fast so aus, als wären wir von einem anderen Planeten gekommen, um die Erde auszuplündern, bis alle Ressourcen erschöpft sind, um dann auf unseren Heimatplaneten zurückzukehren. Aber wir haben keine andere Heimat. Unsere Heimat ist hier. Das vergessen viele. Jede Generation sollte sich anstrengen, der nächsten Generation eine noch schönere Heimat zu übergeben. Dann ist das eine echte Heimat. Wir leben so, als wären wir die letzte Generation auf diesem Planeten und bräuchten uns um ihn keine Gedanken zu machen.

> *Gerade sprachen Sie über Unternehmen, die nur Geld verdienen wollen. Es ist schön, Geld zu verdienen, doch wird heute mit Unternehmen, die zerstörerisch wirken, ganz besonders viel Geld verdient. Diese Sucht nach der Wachstumsrate kann man mit einer Krebserkrankung vergleichen. Das Dumme dabei ist nur, wenn der Krebs immer weiter wächst, wird er irgendwann den Wirt töten. Unser Bruttosozialprodukt besitzt keine wirkliche Qualität. Sollte es in der Zukunft so sein, dass unsere Grundbedürfnisse von Sozialunternehmen befriedigt werden und sich die gewinnorientierten Unternehmen um die Luxusbedürfnisse kümmern?*

Ganz genau. Sie haben das mit dem Wort „Sucht" sehr gut beschrieben. Ich verstehe das Geldverdienen als ein Mittel zum Zweck, doch aus irgendeinem Grund wurde es zum Selbstzweck, so als ob das der Sinn des Lebens wäre. Was soll es uns bringen? Ein Sozialunternehmen dient immer einem Zweck, und dieser besteht darin, mit diesem Unternehmen Geld zu verdienen, um mit dem Geld die Welt meiner Träume zu erschaffen. Das will ich erreichen. Dafür gehe ich Schritt für Schritt vor. Ich will auf diesem Planeten meine Fußstapfen hinterlassen, damit jeder sehen kann, dass ich da war und was ich getan habe. Jeder Mensch möchte gern Spuren hinterlassen, die zeigen, dass er hier war und was sein Beitrag war. Vielleicht war es nur ein kleiner Beitrag, aber den habe ich geleistet, wie immer er auch ausgesehen hat. Ich habe dafür mein Bestes gegeben. Wenn ein jeder von uns nur einen kleinen Beitrag leisten würde, wäre die Welt ein sehr viel besserer Ort. Heute haben wir das alles völlig vergessen, gerade so als ob unser Glück von der Größe des Geldhaufens bestimmt wird, auf dem wir sitzen.

Doch ein Haufen Geld macht uns nicht automatisch glücklich. Glück entsteht durch den Beitrag, den wir leisten, und den Unterschied, den wir bewirken, für das Leben der Menschen und für den Planeten. Doch das wird unseren jungen Leuten nicht beigebracht. Man sagt ihnen, sie brauchen eine gute Ausbildung, um für ein gutes Unternehmen zu arbeiten und viel Geld verdienen zu können. Oder sie können ein gutes Unternehmen leiten und dadurch reich werden. Doch was sollen sie mit dem Geld anfangen? Wie viele Autos kann man besitzen? Wie viele Häuser kann man kaufen? Das alles macht doch keinen Sinn.

Wir müssen diese enge Interpretation hinter uns lassen, diese sehr eingeschränkte Interpretation des Lebens und des Wirtschaftssystems. Wachstum allein bringt uns noch überhaupt nichts. Das Wachstum muss einem Zweck dienen, um ein Ziel zu erreichen, denn sonst braucht man es nicht.

Bei Ihrer Bank ist mir aufgefallen, dass es anscheinend leichter fällt, diese Sichtweise der Dinge den Frauen zu vermitteln, und dass Männer sich damit schwerer tun. Worin besteht der Grund, dass sich Frauen damit leichter tun?

Der Grund, warum wir uns auf die Frauen konzentriert haben, ist ein anderer.

Ich bin gegen die herkömmlichen Banken in den Kampf gezogen. Bevor ich mit meinem Werk begann, habe ich ihnen den Vorwurf gemacht, dass es ein Fehler ist, die Armen einfach auszuschließen. Und ich fand auch, dass es genauso falsch und ungerecht von den Banken war, Frauen auszuschließen. Selbst wohlhabende Frauen wurden von ihnen einfach nicht ernst genommen. Zum Beweis zeigte ich den Banken ihre eigenen Zahlen: Nicht einmal ein Prozent der Kreditnehmer waren Frauen.

Als ich mit meiner Arbeit begann, wollte ich dafür sorgen, dass die Hälfte meiner Kreditnehmer Frauen waren. Damit hat mein Kampf begonnen. Nach sechs Jahren hatten wir ein 50-zu-50-Verhältnis zwischen Männern und Frauen erreicht. Dann fanden wir heraus, dass es einer Familie wesentlich mehr bringt, wenn die Frau das Geld verwaltet, als wenn sich der Mann darum kümmert. Wir haben unsere Vorgehensweise mehrmals geändert und uns schließlich mehr auf die Frauen konzentriert, weil das den Familien wesentlich größere Vorteile gebracht hat. Heute haben wir siebeneinhalb Millionen Kreditnehmer. 97 Prozent davon sind Frauen. Die Bank gehört den Kreditnehmern das heißt, sie gehört den armen Frauen. Die Idee der Mikrokredite wuchs über die Grenzen von Bangladesch hinaus und wurde zu einem richtigen System. Und schon bald wurde der Mikrokredit zu einem Synonym für einen Kredit für arme Frauen. Und arme Frauen gibt es in der ganzen Welt.

Das ist ein wunderbares Beispiel. Ich denke, wir haben da noch sehr viel zu lernen. Führen Sie Beratungen durch, wenn jemand ein Sozialunternehmen gründen möchte? Gibt es Bücher darüber? Gibt es jemanden, an den sich ein Interessent wenden kann, um das Konzept zu erlernen und um Unterstützung zu bekommen?

Ja, jeder ist willkommen. Alle sind willkommen. Wir erklären gern das System, weil wir fest davon überzeugt sind, dass es das ist, was die Welt braucht. Doch häufig entstehen daraus große Debatten und intellektuelle Streitgespräche. Dann höre ich oft: „Unser Land kann man nicht mit Bangladesch vergleichen. Bei uns sind die Menschen nicht so arm wie dort. Bei uns sind die Menschen nicht so vertrauenswürdig wie in Bangladesch. Dort kann man Geld ohne Sicherheiten verleihen, doch bei uns geht das nicht." Meine Antwort lautet dann: „Alles, was Sie sagen, ist falsch. Menschen sind Menschen, ganz gleich, wo sie leben. Die Menschen, die ganz unten stehen, befinden sich dort aufgrund des Systems, das sie in diese Situation gebracht hat. Sie können sich aus diesem System befreien, wenn man die Schranken entfernt."

Danke, Professor Muhammad Yunus.

http://may7.org/irky — Video: Interview zwischen Wolfgang Sonnenburg und Professor Muhammad Yunus

Dagmar Riedel-Breidenstein, Botschafterin für Toleranz

Unterdrückung im Namen der Ehre

Hatun Sürücü stirbt am 5. Februar 2005. Am helllichten Tag bricht sie an einer Bushaltestelle in Berlin-Tempelhof zusammen, getroffen von drei Kopfschüssen. Ihr Mörder ist ihr Bruder. Ein Aufschrei des Entsetzens geht durch Politik und Gesellschaft. Wie selten zuvor wird die Aggression in muslimischen Familien so schonungslos offenbart.

Die junge Frau wollte ausbrechen, sich der Zwangsheirat widersetzen, ein selbstbestimmtes Leben führen. Der sogenannte Ehrenmord löschte mit einem Schlag ihre Wünsche und Sehnsüchte aus. Und seither hat diese Menschenrechtsverletzung ein Gesicht. Es ist modern und schön. Wie sehr hätte sich jeder gewünscht, dass Hatun Sürücü ihre Zukunft als Frau und Mutter gestalten dürfte mit einem Beruf als Elektrotechnikerin.

Während Politiker und Islamwissenschaftler diskutieren, während sie Zwang, Missbrauch und Unterdrückung in Migranten-Familien auf ihre Agenda setzen, handelt eine Berlinerin. Sie setzt genau dort den Hebel an, wo das Leid entsteht: bei den Wächtern der weiblichen Sexualität. Bei den Brüdern. Die Soziologin Dagmar Riedel-Breidenstein hat viel Erfahrung in Konfliktlösung. Seit 20 Jahren leitet sie den Verein Strohhalm, der sich für die Schwächsten in unserer Gesellschaft einsetzt, für die Kinder.

Die autoritäre Haltung bestimmter migrantischer Milieus gegenüber Frauen war für sie 2007 Anlass genug, die „Heroes“ zu gründen. Seither engagiert sie sich für Toleranz, für ein friedliches Miteinander der Kulturen. Ihr Verein hat Vorbild-Charakter, findet Achtung weit über Berlin hinaus. Mit den „Heroes“ will sie die Idee der Freiheit und Wertschätzung in Migranten-Familien bringen, gemeinsam einen Wandel bewirken. Um dieses Ziel zu erreichen, arbeitet sie mit den Söhnen, zuweilen auch mit den Töchtern.

Traditionen aufbrechen

Dagmar Riedel-Breidenstein und ihr Team arbeiten mit jungen Männern zwischen 16 und 24 Jahren. In Seminaren erfahren diese jungen Männer, wie Frauen fühlen, wenn sie unterdrückt werden. In Rollenspielen spüren sie, wie Hass hilflos macht. Sie lernen in einem Jahr der Begleitung, ihre Ehre neu zu definieren. Die nämlich erschöpft sich nicht im Zwang gegen die Schwestern. Am Ende stehen die jungen Männer aufrecht im Raum und sagen mit einem völlig neuen Selbstverständnis: „Die Ehre ist in mir.“ Mit diesem Fokus eröffnen sie sich Perspektiven, fort von Kontrolle und hin zu den eigenen Zielen im Leben. Dieser Satz stimmt sie milde und gesprächsbereit und lässt den Respekt vor anderen Menschen zu.

„Anfangs, als wir das Projekt starteten, hatten wir Angst, nicht genügend Männer aus Ehrenkulturen für unsere Trainings und Workshops zu finden. Das war aber völlig unbegründet“, erzählt Dagmar Riedel-Breidenstein. „Die jungen Männer kommen von allein zu uns. Sie sind neugierig und fühlen: Etwas stimmt nicht mit diesen alten Traditionen, die unsere Väter predigen.“ Dagmar

Riedel-Breidenstein sieht sich in der Gruppe um. Die jungen Männer neben ihr nicken und ergänzen, dass es an der Zeit sei, eine Zukunft der Gleichheit zu gestalten. Einige ihrer Väter und Mütter seien gegen die Trainings der „Heroes" gewesen. „Aber", so die Gründerin der „Heroes", „die Eltern spürten auch den Mut ihrer Söhne. Die versteckten sich plötzlich nicht mehr hinter Schreien und Drohen. Die fingen an, Frauen und Mädchen zu verstehen. Das Klima in den Familien änderte sich. Neuen Gedanken folgten neue Verhaltensweisen. Und diese wiederum wirkten sich positiv auf die Beziehungen in der Nachbarschaft aus. Es gab noch einen Nebeneffekt: Ihre Söhne hatten plötzlich weniger Probleme in der Schule." Dagmar Riedel-Breidenstein fügt begeistert hinzu: „Es ist eine großartige Leistung, die die jungen Männer während der Ausbildung vollbringen. Da findet ein wahrer Wandel statt. Es geht mir nahe, wenn wir in Neukölln den Abschluss eines Ausbildungsjahres feiern, wenn Prominente ihnen die Urkunde überreichen. Damit sind die jungen Männer übrigens berechtigt, als Vorbilder an Schulen zu sprechen."

Der Preis für Mut

Ich bin berührt von diesem Engagement in Berlin. Der Zufall brachte mir die Arbeit von Dagmar Riedel-Breidenstein und ihrem Team auf den TV-Bildschirm. Ich zappte eines Nachmittags durch die Programme und stoppte bei einer Preisverleihung für dieses vorbildliche Integrationsprojekt. Ich wurde neugierig. Ich recherchierte über Arbeit und Ziele der „Heroes". Am Ende stand für mich fest, dass dieses Engagement für Gleichberechtigung und Wertschätzung, für Toleranz in der Gesellschaft den Winspiration

Day Award 2010 verdient. Dagmar Riedel-Breidenstein nahm die Auszeichnung vor Publikum entgegen und versicherte, dass sie einen Ehrenplatz erhalte.

Die Trophäe steht seither auf einem Extra-Regal. Für die Helden von Berlin hat sie eine besondere Bedeutung. Sie symbolisiert die Idee, dass die Zukunft gut werden kann, wenn Menschen sich gemeinsam und friedvoll für ihre Ziele einsetzen. „Ich erinnere mich gerne an diese Preisverleihung, an die Philosophie des Winspiration Days: pro-aktiv zu sein, etwas zu bewegen und nicht in alten Mustern zu verharren. Dieser Preis steht für Zukunft und Perspektive – und er hebt das Renommee unseres Vereins." Sie lächelt zufrieden. Sie hat viel erreicht in den vergangenen sechs Jahren seit der Gründung der „Heroes". Jeder einzelne junge Mann, den sie begleitete, absolvierte das Fachabitur, fand einen Beruf, der ihm Freude macht. Manche von ihnen arbeiten zudem als Mentoren und Moderatoren in den Workshops der „Heroes", in Schulen und Freizeiteinrichtungen. „Die Ehre ist in uns", dieser Satz ist ein Versprechen für Toleranz.

Es bleibt zu hoffen, dass dieses vorbildliche Projekt nicht an den Finanzen scheitert: „Der Applaus von bedeutenden Persönlichkeiten wie Königin Silvia von Schweden, von Schauspielern und Politikern ändert leider nichts an der Tatsache, dass die Berliner Helden beides brauchen: Anerkennung und Geld, um sich weiterhin für Menschenrechte einzusetzen." Wer Dagmar Riedel-Breidenstein in die Augen sieht, der ahnt ihr Motto zu diesem Thema: „Es führen viele Wege zu einem Lebensziel. Ganz im Sinne des Winspirations Days glauben wir fest an uns und unsere Aufgabe."

Joana Zimmer, Sängerin

Sehnsucht in der Stimme

2006 erhält Joana Zimmer den Winspiration Day Award. Sie steht ganz oben in den Charts. Mit ihrem Song „I believe" erreicht sie Platz 2 in Deutschland, Auftritte auf internationaler Bühne folgen. In Baden-Baden wird sie für ihre Leistung und für ihren beeindruckenden Weg dorthin geehrt.

Als Joana Zimmer sich in den Lichtschein stellt, sich konzentriert und ihre Stimme erhebt, wirkt sie zerbrechlich und stark zu gleich. Sie taucht ein in ihren Song und ist dennoch präsent. Sie singt sich mitten hinein in die Herzen der Zuschauer. Die halten den Atem an und spüren die Sehnsucht, den Mut und die Zuversicht der jungen Frau, und ebenso ihr Talent.

Jeder im Saal mag in diesen Minuten den Worten von mir folgen, die ich für meine Anmoderation wählte: „Joana Zimmer ist eine Frau, die nichts und niemand aufhalten kann, die ihre Träume verwirklicht mit ungemeiner Kraft, mit Fleiß und einem unerschütterlichen Glauben an sich selbst."

Joana Zimmer ist blind.

> *Was bedeutet Ihnen der Winspiration Day Award heute, sieben Jahre später?*

Er zählt zu meinen wichtigsten Preisen. Ich habe seither einige Auszeichnungen erhalten, darunter goldene Schallplatten für

Platzierungen und Verkaufszahlen. Das freut mich. Das macht mich stolz. Der Winspiration Day Award ist aber anders. Er stellt Menschen, ihr Schicksal und ihre Berufung in den Mittelpunkt. Ich habe ihn in Stille genossen.

Was verbinden Sie heute mit dem 7. Mai, dem Winspiration Day?

Bis heute begeistert mich die Idee, sich an einem Tag im Jahr auf die eigene Kraft zu besinnen. Wir können so viel bewegen. Wir können Menschen mitnehmen. Wir können eine Botschaft in die Welt senden, die von Chancen erzählt. Wenn ich mit meiner Musik ein Stück dazu beitragen kann, bin ich glücklich. Wie oft stehen wir vor einer Aufgabe – und schrecken doch davor zurück. Das ist schade. Das bringt uns nicht weiter. Ich finde, eine noch so kleine Aufgabe sollte man mit Elan und Begeisterung und immer aus Überzeugung erfüllen. Erfolg besteht aus kleinen Schritten. Erfolg kommt nicht über Nacht. Aber wir gehen jeden Tag einen Schritt mehr darauf zu, wenn wir an uns glauben und nicht vor Hindernissen stehen bleiben.

Sind Sie immer begeistert von Ihren Aufgaben?

Ja. Ich habe noch nie einen Auftrag abgesagt. Denn ich weiß meinen Erfolg zu schätzen. Ich habe Demut davor. Und ich spüre Liebe, auch dafür bin ich dankbar. Die Menschen, die mich begleiten, sich um mich bemühen, die möchte ich nicht enttäuschen. Ich will viel zurückgeben. Denn ich erhalte viel. Ich habe ein tolles Team. Wir sind eine Einheit. Und auch das spornt mich an.

Was bedeutet Erfolg für Sie?

Als ich meinen ersten internationalen Auftritt hatte, da war ich aufgeregt. Aber tief in mir war auch der Gedanke dass ich nun endlich, nach Jahren des Hoffens und Weitermachens, etwas zurückbekomme. Ich träumte schon früh davon, Sängerin zu werden. Mit 13 hörte ich Barbara Streisand in „Yentl", das war ein Schlüsselmoment. Ich wusste: Ich will mit Musik Menschen berühren. Und als ich den Winspiration Day Award erhielt, da dachte ich an diesen Wunsch aus Kindertagen. Für mich zählt nicht Glamour und roter Teppich, sondern die Inspiration und darüber hinaus das Erreichen meines Zieles.

Sie laufen auch Marathon ...

Ja, damit ist es ähnlich. Will man wirklich weiterkommen, dann gibt es nur eine Strategie: mit leichten Schritten und langem Atem dem Ziel entgegen. Ich habe ein halbes Jahr trainiert, um dieses Pensum in Berlin zu schaffen. Und dabei habe ich gelernt: Auf der Laufstrecke verhalte ich mich wie im richtigen Leben. Ich denke nicht an die Kilometer. Zwar will ich unbedingt die Zielgerade erreichen, aber ich nähere mich Schritt für Schritt. So ist das auch in der Karriere.

Hatten Sie schon immer diese Einstellung?

Ich bin sehr selbständig erzogen worden. Ich bin ein Kind der 1980-er Jahre. Meine Eltern lebten unkonventionell. Sie waren nicht verheiratet, hatten ihren eigenen Entwurf im Kopf. Sie legten keinen Wert auf festgefahrene Bahnen. Aber sie legten Wert auf Ordnung und verlässliche Strukturen. Meine Eltern trugen mich als Baby immer nah am Köper. Das finde ich gut. Das wärmt und gibt Geborgenheit. Das stärkt das Vertrauen in die Welt. Wer Liebe und Vertrauen als Kind erfährt, der kann das immer in sich tragen. Das ist ein Riesengeschenk. Wie viele Menschen gibt es, die alles haben und denen doch wenig gelingt.

Sie verbrachten Ihre Schulzeit im Internat. Wie war diese Zeit für Sie?

Ich war gerne dort. Als ich meine damalige Chorleiterin wiedertraf und sie sagte, ich sei früher so niedlich mit meinen Zöpfchen und dem scheuen Blick gewesen, da war das für mich wie nach Hause kommen. Sie konnte mich im Chor übrigens für alle Stimmlagen einsetzen. Darüber haben wir gelacht. Aber zurück zum Internat: Meine Tage waren ausgefüllt mit Gesang, Sport, Lernen, Einkaufen und Organisation. Das hat mich geprägt, bis heute. Auch hier habe ich gelernt: Ordnung gehört zum Leben. Und Bequemlichkeit bringt einen nicht weiter. Es ist besser, die Treppen zu steigen, als im Aufzug zu fahren. Heute glaube ich, Elastizität und Zielstrebigkeit, das sind die Pfeiler des Erfolgs. Im Sport und im Business.

Hat der Erfolg Sie verändert?

Nein. Ich sehe, was ich anderen Menschen geben kann, schon alleine wegen meiner Geschichte. Deshalb nehme ich meinen Erfolg auch als eine Art Pflicht wahr, anderen Menschen Mut zu machen und zu sagen: Du schaffst das, wenn du an dich glaubst, wenn du fleißig bist und an dir arbeitest. Jeder kann Hindernisse in Chancen wandeln. Davon handelt der Winspiration Day, und das ist auch meine Maxime. Und noch eines: Plötzlicher Erfolg kann genauso plötzlich wieder verschwinden. Das weiß ich, deshalb schädigt mich die Aufmerksamkeit nicht.

Auf was konzentrieren Sie sich im Moment?

Ich schreibe mein erstes Buch. Ich bin zwar jung, aber ich habe viel zu erzählen.

Danke, Joana Zimmer.

http://may7.org/xcvw — Video: Joana Zimmer, Enja Riegel, Clown Shiven, Rex und mehr

Maren Opfermann, Weltmeisterin im Rhönradturnen

Kraft und Eleganz auf hohem Niveau

Die Entweder-oder-Mentalität in der Schule gefiel Maren Opfermann noch nie. Sie zuckt zusammen, wenn sie an die hemmenden Glaubenssätze denkt, die Kinder täglich hören: „Entweder du schreibst gute Noten, oder du zählst nicht zu den Besten, gehörst nicht in die erste Reihe." Maren findet: „Es kommt auf so viel mehr an als auf diese Zahlen auf Papier, die so gut wie nichts über das Kind und über seine Träume aussagen. Die zeigen nur eine Leistung im Einheitsprogramm. Sie verhindern geradezu den Blick auf die Talente."

Maren Opfermann löste sich schon früh von diesen Hemmnissen, steckte sich ihre eigenen Ziele und entwarf in kreativer Weise die Schritte dazu. Sie lernte, sich von Lehrern begleiten zu lassen, aber dennoch den Sinn für Autodidaktik zu perfektionieren. „Als ich sechs war, da erkannte ich: Ich brauche erst ein Ziel, dann finde ich den Weg. Früher waren das kleine Wünsche, mit der Zeit steigerten sie sich. Mit 15 schrieb ich einen Begrüßungstext in mein Handy: ‚Ich werde Weltmeisterin im Rhönradturnen'." – Drei Jahre später steht Maren Opfermann auf der Siegertreppe, ganz oben, hält ihre Medaille in der Hand und könnte die Welt umarmen vor Glück. Und vor Stolz.

Aufstehen und weitermachen

Heute zählt Maren Opfermann zu den jüngsten Rednerinnen in Deutschland und in der Schweiz. Sie trainiert Turner und Turnerinnen. Sie coacht junge Menschen auf dem Weg zum Erfolg. Und sie weiß: Erfolg fühlt sich nur gut an im Zusammenspiel mit den Talenten. Dazu summieren sich der Fleiß und der Wille, immer wieder aufzustehen und weiterzumachen. „Das lernt ein junger Mensch beim Sport. Als ich beim Rückwärtssalto stürzte, mit dem Gesicht auf den Hallenboden knallte, da schmerzte mir der Kopf. Ich hätte heulen können. Aber ich stand auf, biss die Zähne zusammen und trainierte weiter. Warum? Ich hatte ein Ziel. Ich wollte Weltmeisterin im Rhönradturnen werden. Jedes Zaudern hätte diese Vision gefährdet." Weder blaue Flecken noch mangelnde Freizeit konnten die junge Frau davon abhalten, den Begrüßungstext ihres Handys wahr werden zu lassen. Maren weiß, dass Kinder Ziele brauchen, große Ziele, die mit dem Schreiben guter Noten längst nicht enden.

Kinder wollen lernen und viel leisten. Dazu brauchen sie wertschätzende Lehrer, die inspirieren und immer wieder versprechen: „Wenn du etwas wirklich willst, dann können sich deine Wünsche erfüllen." Aber vor jeden Erfolg haben die Götter den Schweiß gesetzt. Wie oft spendet Maren ihren Turnern und Turnerinnen des Kaders am Ende eines Trainings Trost. Weil sie Angst haben, ihr Ziel nicht zu erreichen. Weil sie zweifeln, ob sie ihre Leistung im Wettkampf punktgenau abrufen können. Dann lächelt sie, erfrischend, breit und mit offenem Blick: „Aufgeben gibt es nicht. Ausreden gelten nicht. Nach einer Niederlage stehst du eben wieder auf – und gewinnst beim nächsten Mal." Sie spricht aus Erfahrung. Allerdings: Für sie persönlich wird es keine Meisterschaft im Rhönradturnen mehr geben. Nach der erreichten Qualifikation 2012 wusste sie: „Es reicht. Es ist Zeit für ein neues Ziel." Auch Entscheidungsfreude zählt zu ihren Stärken. Das lernte Maren Opfermann vor vielen Jahren im Kids Coaching mit Bob Proctor. Er ermutigte sie damals, fernab von der Schule und vom Druck der Lehrer, in sich hineinzuhorchen und Weichenstellungen im Leben zu erkennen. Diese Erfahrung kann sie abrufen. Sie hilft ihr in Entscheidungsphasen. Maren erinnert sich gut an den bewegenden Moment, als sie mit vielen anderen Jugendlichen in Baden-Baden 2006 die Bühne betrat und den Eltern im Publikum zurief: „Wir fühlen uns gut und wissen, was wir wollen: ganz einfach Wir-sein, ganz einfach geliebt werden, so wie wir sind."

Ihr Satz der Zukunft blinkt auf ihrem iPad auf: In tausend Tagen will Maren Opfermann das Pferd besitzen, das sie täglich reitet. Dann wird sie ohne Sattel und ohne Trense querfeldein galoppieren. Sie wird den Hals des Pferdes umarmen und den Kick der Freiheit spüren. Sie wird davon erzählen. Auf internationalen Events. Vor den Mitarbeitern in Konzernen. Im Kids Coaching der Win-Win AG. Kein Thema könnte die Weltmeisterin authentischer vortragen als „Ziele setzen und erreichen." Sie ist ein Vorbild. Applaus.

Tingas Reise
durch Feuerland

Wiebke Sohst, Autorin

Reise nach Feuerland

Irgendwo zwischen dem südlichsten Zipfel Lateinamerikas und dem Norden Alaskas, da steht ein Leuchtturm. Er ist rund und hoch. Seine rot-weiß gestreifte Fassade zeigt tiefe Risse, eingegraben von Wellen und Wind, von einer Zeit von Hunderten von Jahren. Dieser Turm sendet nachts seinen Lichtstrahl in den Himmel und weist den Seefahrern die Richtung. So wie alle anderen Leuchttürme an den Meeresküsten. Dieser eine jedoch ist nicht wie alle, er ist ein besonderer.

Dorthin reiste die Autorin Wiebke Sohst. Sie brach auf nach Chile und weiter über die Magellanstraße nach Feuerland. Sie reiste bis zum allerletzten Zipfel jenes Meridians, wo Chile und Argentinien aufeinandertreffen. Sie durchquerte Regenwälder und Halbwüsten bis zur südlichsten der Inselstädte, bis Puerto Williams, und wanderte noch ein Stück weiter. Der Weg dorthin war geprägt von Staunen, von der Faszination über seltene Pflanzen und Tiere, die sie zuvor nur aus Büchern kannte. Sie genoss die Gastlichkeit der Menschen, ließ sich begeistern von ihren Geschichten. Als sie vor jenem alten Leuchtturm stand, flüsterten ihr die Inselbewohner zu: „Genau hier, genau an diesem Punkt ist das Ende der Welt." „Ja, und wo fängt die Welt an?", wollte sie lachend wissen. Darauf wussten ihre neuen Freunde keine Antwort. Sie zuckten mit dem Schultern. Und von diesem Moment an wusste Wiebke Sohst, sie würde ein Buch schreiben, ein Kinderbuch, das von einer Reise ans Ende der Welt erzählt und darüber hinaus wieder bis zum Anfang. Denn Reisen ist seit jeher ihre Leidenschaft.

Bis heute sucht sie die Chancen, Aufregendes zu erleben, jenseits von Trampelpfaden. Wer den Amazonas durchquerte, in offenen Hütten im Urwald schlief, wer sich in den Wüstenlöchern Westafrikas vor Sturm schützte, der kennt die Vielfalt dieser Welt und der will zu Abenteuern inspirieren.

2010 veröffentlicht Wiebke Sohst ihr Kinderbuch. Sie wählt ein putziges Stinktier zum Hauptdarsteller und titelt „Tingas Reise durch Feuerland":

> *Tinga erzählt seinem Freund von diesem Plan: „Ich will die Wälder, Seen und Berge sehen. Und natürlich das Meer. Ich will ans Ende der Welt! Natürlich auch zu diesem geheimnisvollen Leuchtturm. Zum Königspinguin! Ihn möchte ich fragen, wo der Anfang der Welt ist. Ich begebe mich sozusagen auf eine wichtige Forschungsreise", grinste Tinga stolz. Der Freund dachte nach und entgegnete: „Meinst du nicht, dass das eine Nummer zu groß für dich ist? Du bist nur ein kleines Stinktier, vergiss das nicht!" „Ach, Papperlapapp. Kleines Stinktier. Ich bin Tinga, der Forschungsreisende!" Der Freund sah es verwundert an. „Tinga, du bist verrückt ... und sehr mutig."*

Und diesen Mut, über sich hinauszuwachsen, den möchte die Autorin ihren kleinen Lesern mit auf den Weg geben. In Kindergärten und Grundschulen lässt sie während der Vorlesestunde eine riesige aufblasbare Weltkugel kreisen. Und wenn sie auf Feuerland tippt, dort wo Tinga wohnt, dann werden die Augen der Kinder groß, dann erfassen sie in diesen Momenten, wie spannend es da draußen ist. Sie würden gerne mit Tinga die Stufen zum Leuchtturm hinaufklettern. Das kleine Pflänzchen Mut kann so groß werden, wenn es Vorbilder gibt.

Ein Vorbild für die Autorin ist Bob Proctor. Seine Idee vom Paradigmenwechsel im Leben beeindruckt sie. Als er auf dem Winspiration Day 2011 in Zürich sprach, lauschte sie gemeinsam mit vielen hundert Gästen seinen Thesen vom Ausbruch aus alten Strukturen. Sie ließ sich inspirieren. Seither nutzt sie diese Impulse für ihre Arbeit als Wirtschaftspsychologin und als Bereichsleiterin in einem großen deutschen Konzern. Mit Erfolg. Auf viele ihrer großen Projekte sieht sie seither mit einem anderen, einem weiteren Blick. Und sie schreibt an ihrem zweiten Buch von Abenteuer und Freundschaft, vom Entdecken der Welt.

Für Wiebke Sohst ist der Winspiration Day ein Tag im Jahr, der Neugierde aufs Leben weckt. Der von Mut und Zuversicht handelt. Wie ihre Bücher. Sie wird auch in diesem Jahr, am 7. Mai 2013, vorlesen und fragen: Wer will nach Feuerland? Hoffentlich viele ihrer kleinen Leser, irgendwann.

Felix Finkbeiner, Zukunftsbotschafter

Pflanzen für die Zukunft

„Warum wird so wenig für die Zukunft der Kinder getan?" Das fragte sich Felix Finkbeiner vor sechs Jahren und wandte sich an die Verantwortlichen, an die Erwachsenen dieser Welt. Damals war Felix neun. Er fragte Lehrer, Nachbarn, Unternehmer. Er fragte Politiker. Ein Schulterzucken war die Antwort. Und hier schon hätte die Geschichte enden können. Mit diesem Schweigen der Großen hätten die Kleinen auf gute Zeiten gehofft. Aber die Probleme der Zukunft sind zu gewaltig, um die Augen zu verschließen. 30.000 Menschen sterben täglich an Unterernährung. Eine Milliarde Menschen leben in absoluter Armut. Und schreitet die Klimaerwärmung voran, dann schmilzt das Eis von Grönland, Inseln versinken in den Meeren. Felix wäre nicht der engagierte, pfiffige und für sein Alter so kluge Junge, hätte er sich mit einem Schweigen zufrieden gegeben.

Er findet: Wenn es um das Formulieren wohlfeiler Sätze in Verträgen geht, dann reden die Erwachsenen auf internationaler Bühne ins Blitzlichtgewitter hinein. Die Nachhaltigkeits-Konferenz, die Kyoto-Konferenz, die Millennium-Konferenz sind Beispiele für Lippenbekenntnisse. Mit der Umsetzung indes hapert es gewaltig.

So also macht sich Felix selbst auf, die Welt ein bisschen besser zu machen. So sucht er sich kindliche und jugendliche Unterstützer, um Zeichen zu setzen, um Bäume zu pflanzen. Mit zwölf

Jahren sprach er vor den Vereinten Nationen und aktuell von der Kanzel der Erlöserkirche in München.

http://may7.org/gczb — Video: Kanzelrede von Felix Finkbeiner

Dort lauschen die Erwachsenen seinen Worten, applaudieren und lassen seinen Schlusssatz in ihr Herz: „Alles würde gut, wenn wir aufwachen und das Richtige tun." Dabei hält er seine Streitschrift hoch. Er lächelt und zeigt seinen jugendlichen Glauben an das Gute im Menschen. Er wünscht sich, dass jeder Einzelne nach dieser einstündigen Rede mit einem anderen Bewusstsein aus der Kirche geht, mit einem weiten Blick für den Klimawandel und für soziale Gerechtigkeit.

Wie begann Deine Idee, die heute eine Erfolgsgeschichte ist?

Das war gar nicht so spektakulär: Ich hielt vor sechs Jahren in der Schule ein Referat zur Klimakrise. Ich wusste schon einiges zu diesem Thema, denn wenige Tage vorher hatte mein Opa mit mir das Buch von Al Gore „Die unbequeme Wahrheit" durchgeblättert. Ich las natürlich auch über die Umweltaktivistin, Menschenrechtlerin und Friedensnobelpreisträgerin Wangari Maathai: Sie hatte in 30 Jahren 30 Millionen Bäume gepflanzt. Zusammen mit vielen anderen Frauen. Da dachte ich mir: „Wenn Frauen in Afrika das können, dann können wir Kinder auch in jedem Land der Erde eine Million Bäume pflanzen." Ich hätte niemals gedacht, dass aus dem Abschlusssatz meines Klassenreferats eine weltweite Bewegung würde: „Lasst uns in jedem Land der Erde eine Million Bäume pflanzen!"

Dann wurde dieser Satz zum Ziel Eurer Bewegung?

Ja. Meine Lehrerin hat mich den Satz vor Schülern, vor der Direktorin, vor anderen Schulen wiederholen lassen. Und zusammen mit den Nachbarschulen gründeten wir zwei Monate später „Plant-for-the-Planet“. Unser Ziel ist seither: Wir Kinder und Jugendliche wollen, dass jeder Mensch 150 Bäume pflanzt, also 1.000 Milliarden Bäume auf diesem Planeten. Bis heute haben wir Kinder bereits Millionen und mithilfe vieler Erwachsener mehr als 12,5 Milliarden neue Bäume gepflanzt. Die Welt ist seither grüner und gesünder geworden. Denn jeder Baum bindet CO2, und zwar zehn Kilogramm jedes Jahr.

Das ist Eure Art, für die Zukunft zu demonstrieren?

Ja, auch. Solange Regierungen nicht einsehen, dass fossile Energieträger dort bleiben müssen, wo sie hingehören, nämlich in der Erde, halten wir mit unseren Aktionen dagegen. Wir demonstrieren und pflanzen. Wir zeigen uns und treten ein für unsere Zukunft. Wir, das sind 100.000 Kinder, die nicht schweigen. Wir reden. Auch mit Regierungen. Aktuell haben wir mit den Bürgermeistern und dem Ministerpräsidenten des mexikanischen Bundesstaates Quintana Roo eine gemeinsame Vereinbarung unterzeichnet. Nun werden 200 Millionen Bäume dort gepflanzt, 150 für jeden Bürger. Das ist ein schöner Erfolg.

Wer zählt zu Euren prominenten Unterstützern?

Auf jeden Fall Fürst Albert. Er ist unser Schirmherr. Der Ex-Umweltminister Norbert Röttgen gehört zum Freundeskreis, und auf unseren Kampagnenplakaten „Stop Talking. Start Planting.“ halten wir Kinder vielen Persönlichkeiten den Mund zu. Das können

Sie sich auf unserer Website ansehen. Für Worte ist es zu spät. Die Zeit läuft uns davon.

http://may7.org/bgan — Stop Talking, Start Planting

Woher kommt das Geld für die Bäume, die Kampagnen, die Events?

Wir erhalten keine öffentlichen Gelder. Privatleute unterstützen uns mit monatlichen Beträgen von fünf, zehn oder 20 Euro. Wir finden Sponsoren, das heißt: Sie finden uns. Und wir wollen, dass Unternehmen eine Future Fee bezahlen, das sind 0,01 Prozent vom Umsatz als Nachhaltigkeitseinsatz für unsere Zukunft. Seit einem Jahr verkaufen wir Schokolade, richtig gute Schokolade. Sie heißt auch „Die Gute Schokolade". Als niemand aus der Schokoladenindustrie die Future Fee bezahlen wollte, da dachten wir: Stellen wir eigene Tafeln in der Schweiz her, mit besten Kakaobohnen aus Ghana und als Fair-Trade-Produkt. Von fünf verkauften Tafeln pflanzen wir einen Baum. Mittlerweile zahlen übrigens viele Süßwarenunternehmen ihren Beitrag.

Welche Vision verfolgt „Plant-for-the-Planet"?

In Konsultationen, an denen Kinder aus über 105 Ländern beteiligt waren, haben wir einen „3-Punkte-Plan für die Rettung unserer Zukunft" ausgearbeitet:

1. Wir wollen, dass jeder Mensch 150 Bäume pflanzt, das sind tausend Milliarden Bäume. Dieses Ziel wollen wir bis zum Jahr 2020 erreichen. Das ist zu schaffen. So lange hat Amerika gebraucht, um das erste bemannte Raumschiff zum Mond zu schicken.

2. Wir müssen die fossilen Energieträger im Boden lassen und bis 2050 den C02-Ausstoß auf Null senken. Das heißt: Wir nutzen ausschließlich erneuerbare Energien und Technologien, die es heute bereits gibt.

3. Damit sich die Erde um nicht mehr als zwei Grad Celsius erwärmt, dürfen wir Menschen nur noch eine bestimmte Menge CO2 in die Luft pusten, nämlich 600 Milliarden Tonnen. Verteilen wir das gerecht durch die Weltbevölkerung, sind das 1,5 Tonnen CO2 pro Mensch und Jahr. Wer mehr herauspustet, zahlt an die, die weniger herauspusten. Und die können das Geld für die medizinische Versorgung und für die Ernährung armer Menschen ausgeben. Oder sie können es in neue Technologien investieren.

Wir wollen Klimagerechtigkeit und soziale Gerechtigkeit. Um uns für diese beiden Ziele zu engagieren, bilden wir uns in den Kinderakademien gegenseitig aus. Bisher fanden 1700 Akademien weltweit statt. Dort lernen wir, wie wir Vorträge halten, wie Netzwerken funktioniert, worauf es in Verhandlungen ankommt, wie wir unsere Zukunft gestalten und die Erwachsenen mitnehmen. Auch die Winspiration Day Association unterstützt diese Art des Lernens, sponsert unsere Akademien. Seitdem wir Kinder von „Plant-for-the-Planet" den Winspiration Day Award 2012 erhalten haben, wissen wir, dass Sie, Herr Sonnenburg, ein Freund und Förderer sind, dass Sie sich für unsere Ziele stark machen. Als wir am Tage der Preisverleihung in Winterthur in der Schweiz am Weltumwelttag Bäume pflanzten, wurden wir mit dem Award überrascht. Das spornt uns an. Das zeigt uns, dass Erwachsene hinsehen, hinhören und uns verstehen.

Was machst Du am 7. Mai?

Ich gehe zur Schule. Und ganz gewiss werden irgendwo auf der Welt sich Kinder treffen und – hoffentlich gemeinsam mit Erwachsenen – Bäume pflanzen. An Stellen, die dafür vorgesehen sind oder auch nicht. Das geht ganz einfach: buddeln, gießen, pflanzen und dann pflegen.

Belächeln die Erwachsen so viel Begeisterung, oder unterstützen sie Eure Ziele?

Wir werden ernst genommen. Vielleicht haben wir einen Kinderbonus. Aber wenn wir reden und handeln, dann wundern sich viele, wie stark wir sind, wie wir uns einsetzen für die Zukunft.

Was ärgert Dich am meisten an dem Verhalten der Erwachsenen?

Wenn manche sagen: „Klimakrise? Es gibt keine Klimakrise." Dann sagen wir: „Wenn wir den Klimawissenschaftlern folgen und jetzt handeln und stellen in 20 Jahren fest, dass sie falsch lagen, dann haben wir nichts falsch gemacht. Wenn wir allerdings den Klimaskeptikern folgen und jetzt nichts tun und stellen in 20 Jahren fest, dass sie falsch lagen, dann ist es zu spät, um unsere Zukunft zu retten."

Kommen Dir und Deinen Freunden manchmal Zweifel, dass die Aufgabe, die Ihr Euch vorgenommen habt, ein bisschen zu groß ist?

Ein einzelner Moskito kann einem Rhinozeros nicht imponieren, aber tausend Moskitos können es dazu bringen, die Richtung zu wechseln.

Danke, Felix, und viel Erfolg für die Zukunft.

Holger Böhm, Meistermacher

Eigene Stärken erkennen

Holger Böhm berät Unternehmen und Existenzgründer. Er entwickelt Ausbildungsinhalte für Handwerker an der Schwelle zum Meister und coacht Männer und Frauen, die eines wollen: die eigenen Stärken erkennen und danach leben. Er sieht sich als Partner auf Augenhöhe, als Wegbegleiter in einer spannenden Zeit. Seine Methode ruht auf drei Säulen: Kreativität, Kraft und Gemeinschaft.

Wie finden Sie die Stärken Ihrer Klienten?

In einem persönlichen Gespräch. Wir machen zunächst eine Bestandsaufnahme. Dann erkunde ich durch eine spezielle Fragetechnik, welche Talente der Klient als Kind hatte oder wann er besondere Aufmerksamkeit erfuhr. So nähern wir uns den verschütteten Stärken. Da können sehr emotionale Momente aufflackern, die aufwühlen, traurig oder glücklich machen. Die Bandbreite der Gefühle hängt immer ab vom Temperament des Klienten.

Heißt das im Umkehrschluss: Wer seinen Stärken entsprechend arbeitet, ist glücklich?

Wer seinen Beruf zur Berufung macht, ist ein glücklicher Mensch. Das fließt in alle Lebensbereiche hinein. Das zieht Glück an wie ein Magnet. Glückliche Menschen erkennt man an der Körperhaltung, am Leuchten der Augen und am Lächeln im Gesicht. Sie achten auf sich. Sie halten soziale Kontakte. Sie sind gesund. Ihre Gedanken sind positiv, ihre Ausstrahlung sowieso.

Zu allen wahren Einsichten gehört eine Krise. War das bei Ihnen auch so?

Mein eigener Berufsweg steht exemplarisch für meine These: Ich habe eine Ausbildung zum Werbekaufmann absolviert, ein Betriebswirtschaftsstudium mit Schwerpunkt Marketing abgeschlossen und – fast zwangsläufig – eine Werbeagentur gegründet. Durchaus erfolgreich. Aber ich habe schnell erkannt: Aufträge generieren und Rechnungen schreiben, das reicht mir nicht. Ich wollte meine Ideen nicht in Kommunikationsstrategien pressen lassen. Ich suchte mir damals einen Mentor. Ich ließ mich auf einen langen Prozess ein und entdeckte mich selbst, erkannte meine wahren Stärken: Menschen mitzunehmen und gute Gemeinschaften zu kreieren. Diese Einsicht hat viele Änderungen ausgelöst: Ich habe meine Agentur verkauft, meinen Beruf gewechselt. Heute bin ich erfolgreich als Coach und Dozent. Meine Marketingkenntnisse flechte ich ein, wenn es um Existenzgründung oder Unternehmen in der Krise geht, aber ich richte den Hauptblick darauf, die Stärken meiner Klienten zu finden.

Heißt das: Eine gute Gemeinschaft fördert persönliche Entwicklung?

Menschen können gemeinsam viel Größeres erreichen als Einzelkämpfer. Deshalb bringe ich Menschen zusammen, deren Stärken sich ergänzen, deren Ziele ähnlich sind. Dann kann eine enorme Kraft wachsen.

Zu dieser These passt der Winspiration Day.

Ja. Eine Performance auf großer Bühne mit einer guten Moderation, mit Vorbildern und wahrhaftigen Geschichten, das kann motivieren. Aber auch kleine Formate können viel bewirken. Die Summe der Ideen, die Summe der Energien machen diesen Tag, den 7. Mai eines jeden Jahres, wertvoll. Ich werde in diesem Jahr in der Handwerkskammer Braunschweig meine Meister-Schüler fragen: „Wie könnt Ihr Eure Arbeit wirklich erfüllend gestalten?" „Wie könnt Ihr aus Wünschen Wirklichkeit werden lassen?"

Aber um Wünsche zu erreichen, reicht ein einziger Tag nicht aus. Was meinen Sie?

Das ist richtig. Aber jeder Prozess beginnt mit einem Impuls, bevor der erste Schritt folgt. Vielleicht brauchen wir eine Begleitung von Menschen, die es gut mit uns meinen. Das kann sein. Aber wir brauchen niemals einen Skeptiker. Sondern Vorbilder. Oder eben eine gute Gemeinschaft. Deshalb biete ich zu meinen Coachingstunden ebenso Telefonkonferenzen an. Dann reden wir über positive Entwicklungen, über starke Erlebnisse in der Woche und über unsere Ziele. Wir gehen Schritt für Schritt gemeinsam.

Tilo Maria Pfefferkorn, Unternehmer

Erfolg durch Selbstbesinnung

Eigentlich wollte er Priester werden. Als andere Kinder davon träumten, später, viel später als Pilot oder Kapitän die Kontinente zu entdecken, da sah sich Tilo Maria Pfefferkorn von einer Kanzel aus predigen. Das gesprochene Wort, die gelebten Werte, die Verlässlichkeit aus Tradition und Ritual, das alles beeindruckte ihn. Aber es kam anders. Er wurde Unternehmer. Und nach dem Verständnis Luthers gründete er eine Familie, pflanzte einen Baum und schrieb ein Buch. Mit 30 Jahren waren diese Aufgaben erledigt. Er fragte sich: Was nun? Wo liegen die weiteren Herausforderungen? Er fand sie als Assistent der Betriebswirtschaftslehre, als Unternehmer eines Multi-Büro-Services mit zeitweise mehreren Standorten in Hamburg und heute des „ecos office centers" Hamburg. Tilo Maria Pfefferkorn brennt für seine Aufgaben und erwartet Gleiches von seinen Mitarbeitern.

> *Sie begleiten unter anderem Studenten und Unternehmensgründer auf dem Weg in den Beruf. Wie lautet Ihre Anleitung zum Erfolg?*

Lernen. Lebenslanges Lernen. Und immer wieder die Fragen: Was kann ich besonders gut? Oder noch besser: Was liebe ich wirklich? Welche Aufgaben erfüllen mich? Wo will ich meine Kraft einsetzen? Das heißt, auch einmal den Kopf freizumachen von den Erwartungen anderer. Einmal konzentriert in sich hineinzuhorchen, um eine Idee davon zu erhalten, welches Leben ich leben will. Wir haben die Freiheit, unsere eigenen Entwürfe zu zeichnen. Das ist ein kreativer Prozess. Nur lernen wir diese Kreativität leider nicht in der Schule und auch nicht an der Uni. Sie fehlt schlichtweg. Sie ist jedoch entscheidend für das eigene Glück und für den eigenen Erfolg.

Sie fordern im Stundenplan ein Fach namens Kreativität?

Unbedingt. In der Schule wird der Fokus mehr auf einen Schulsprint gerichtet, und nicht auf Persönlichkeitsfindung. Würde ich etwas ändern können, würde ich Kinder schon mit vier Jahren einschulen. Das gäbe ihnen mehr Zeit, sich selbst zu entdecken, sich weiterzuentwickeln. Vier meiner fünf Kinder haben nach Latein noch ganz im humanistischen Sinne Altgriechisch gelernt. Auf den ersten Blick lässt sich mit dieser toten Sprache nicht viel anfangen. Aber auf den zweiten Blick eröffnet sie ein großes Potenzial. Ganz in Ruhe versinken die Kinder in diese Aufgabe und stellen fest, wie viel Kraft in der Konzentration liegt. Sie lernen: Kreativität wächst nur langsam. Sie braucht Raum. Ganz nebenbei erfahren sie zudem, was es bedeuten kann, etwas außerhalb des Mainstreams zu tun oder zu lassen. Ich glaube, viele Eltern und Lehrer vergessen, ihren Kindern Zeit zu lassen, zum Spielen, zum Lernen, zum Sich-Selbst-Entdecken.

Und der Sprint setzt sich in der Universität fort?

Ja. Und noch eines bemängele ich: Die Studienpläne sind veraltet. Zwar erkenne ich gute Ansätze – zum Beispiel lernen Kinder heute schon in der Grundschule, ein Thema vor der Klasse zu präsentieren. Das hilft ihnen später auf der Uni. Aber über Menschenführung, über den Umgang miteinander lernen sie fast nichts. Die Triebfeder ist leider nicht, wie ein guter Seelsorger zu fragen: Was bewegt dich? Was willst du erreichen, verändern? Wie willst du später Menschen mitnehmen? Warum willst du das tun? Was hat dich bewegt, das zu tun? Sondern sie heißt: Wie erreiche ich Ziele möglichst effizient und verdiene damit Geld? Diese Frage ist erlaubt, aber es macht wenig Sinn, sie in den Fällen zu stellen, in denen ich etwas tue, was mich nicht bewegt.

An Karriere und Geld zu denken ist demnach falsch?

Wenn ich neue Mitarbeiter einstelle, sehe ich mir natürlich Lebenslauf und Zeugnisse an, aber viel entscheidender bleibt die Frage: Passt der Mann, die Frau in mein Unternehmen? Kenntnisse interessieren mich sekundär. Die lassen sich schnell erweitern. Aber Charakter, Persönlichkeit, Engagement, die Einstellung zum Leben, die eigene Wertschätzung und das Gefühl für Glück, das muss ich erkennen. So überreiche ich nach einem ersten Gespräch das Buch „The Big Five for Life. Was wirklich zählt im Leben" und bitte den Bewerber, es zu lesen und mit mir in einem späteren Telefonat zu besprechen. Ich will erfahren, was ihn bewegt. Danach weiß ich, ob die Aufgaben passen werden, ob der persönliche Zweck genau an diesem Platz sich erfüllen wird. Und immer wieder, selbst bei Absagen, bedanken sich die Bewerber und sagen mir: „So intensiv habe ich noch nie über mich selbst nachgedacht."

Auch der 7. Mai 2013, der Winspiration Day, ist ein solcher Tag, an dem Menschen über sich nachdenken und erkennen, wo ihre Stärken liegen, welche Visionen sie leiten. Was veranstalten Sie an diesem Tag in Hamburg?

Wir dokumentieren das Glück. Vier Wochen lang schreiben wir jeden Tag unsere Antworten auf zu der Frage: „Was war das Beste an diesem Arbeitstag?" Egal wie stressig der Tag auch gewesen sein mag, wir sehen auf einen besonderen, erfreulichen Moment. Den gibt es jeden Tag. Indem wir unseren Blick darauf richten, bleibt es hell. Spitzenleistung wächst besser in Licht und Wärme. Wir fragen also jeden Tag einen Menschen nach seinem schönsten Arbeitserlebnis und bitten ihn wiederum, jeden Tag einen anderen Menschen zu befragen. So werden wir am 7. Mai sehr viele Menschen sein, die über ihr Glück berichten. Wir werden am 7. Mai auf Erfahrungen und Entwicklungen, auf Erlebnisse und Ereignisse zurückschauen, die uns an diesem Tag, aber auch schon auf dem Weg dahin, inspirieren. Wir merken: An jedem Tag gibt es grandiose Situationen. Wir werden Dankbarkeit empfinden – und unsere Erwartungen an das Schöne, das kommen wird, schärfen.

Was ist Ihre persönliche Vision als Unternehmer?

Meinen Kunden breite Spielfelder zu eröffnen, ihnen Mut zu machen, Arbeitsplätze sinnvoll und modern zu gestalten. Nicht Enge zählt, sondern Unabhängigkeit und Freude an den Aufgaben. Ich will ihnen die Angst nehmen, mit Freiheiten umzugehen. Und zur Freiheit zählt für mich auch, Ballast abzuwerfen, Aufgaben abzugeben, um sich auf das Wesentliche, auf die Kernkompetenz zu konzentrieren. Mit meinem Multi-Büro-Service biete ich ergebnisorientierte Lösungen, ich werde sie weiterhin feinschleifen, so lange bis sie für jeden einzelnen Kunden passen. Ich will Ideengeber und Begleiter sein. Ein verlässlicher Innovator im Bereich Büroservice. Wir schaffen Freiräume.

Danke, Herr Pfefferkorn.

Perspektiven: Mit Träumen vorwärtsdenken

„Menschen, die kleine Träume haben, bleiben ihr Leben lang kleine Leute." — Robert T. Kiyosaki

Es gibt einen Traum, der ist universell. Er spannt sich über die Längen- und Breitengrade dieser Erde und erfüllt die Menschen mit Sehnsucht. Unabhängig von Hautfarbe, Alter oder Geschlecht eint er die Nationen über Sprachbarrieren hinweg. Sein Stoff ist von flüchtiger Konsistenz, lässt sich nicht pressen in eine Formel, nicht verordnen per Gesetz. Er kann nur durch Gedanken und Bilder in den Köpfen entstehen, um seine Erfüllung zu finden. Ich rede vom Glück.

Die großen Denker – Philosophen, Literaten, Künstler und Naturwissenschaftler – versuchten, das Glück zu ergründen, es als Essenz der Religionen und Geistesgeschichten zu formulieren. Kluge Gedanken leiten seither die Welt, lassen Räume für Freiheit und Selbstverwirklichung. Dennoch kommen immer neue Facetten hinzu, weil jeder Mensch seine Spuren im Leben hinterlässt. So wird der Traum vom Glück niemals enden, von der Geburt bis zum Tod und dann wieder in den nächsten Generationen von vorne beginnen. Die Definition von Glück bleibt eine Daueraufgabe, die jeder Mensch für sich selbst beantworten muss, so dass er am Ende sagen kann: „Es war schön, das Leben. Ich habe nichts zu bereuen."

Damit wir am Ende nichts bereuen

1968 trat Robert F. Kennedy vor die Studenten der University of Kansas und löste bei seinen Zuhörern Betroffenheit aus: „Unser nationales Bruttosozialprodukt beträgt mittlerweile 800 Milliarden Dollar jährlich. Doch dieses Bruttosozialprodukt erfasst Luftverschmutzung und Zigarettenreklame und Rettungswagen, die auf unseren Highways die Folgen der Blutbäder beseitigen. Es rechnet Spezialschlösser für unsere Haustüren mit ein und die Gefängnisse für jene Leute, die sie aufbrechen. Es erfasst die Zerstörung der Mammutbäume und die Vernichtung unserer Naturwunder durch chaotische Zersiedelung. [...] Doch das Bruttosozialprodukt berücksichtigt nicht die Gesundheit unserer Kinder, die Qualität ihrer Ausbildung oder die Freude beim Spielen. Es umfasst nicht die Schönheit unserer Dichtung oder die Stärke unserer Ehen, die Intelligenz unserer öffentlichen Debatten oder die Integrität unserer Staatsdiener. Es misst weder unseren Verstand noch unseren Mut, weder unsere Weisheit noch unsere Bildung, weder unser Mitgefühl noch die Hingabe an unser Land. Kurz, es misst alles außer dem, was das Leben lebenswert macht."

Wo bleibt der Mut, die Glücksthemen hochzuhalten und die größten Verhinderer – Angst und Zweifel –ins Abseits zu treiben? Als Martin Luther King zu einer gewaltfreien Bewegung gegen die Diskriminierung Schwarzer aufrief, da waren diejenigen, für deren Rechte er sich einsetzte, seine größte Hürde. Sie hatten zu lange Leid und Unterdrückung erfahren. Sie zweifelten daran, dass alles jemals besser werden könnte. 40 Jahre später wählt Amerika seinen ersten schwarzen Präsidenten.

Die Welt wendet sich zum Guten. Wir müssen es nur wahrnehmen und mit unserer Energie forcieren. Wir dürfen von Politikern verlangen, dass sie den enormen Wissensstand aus Medizin und Technik in den Alltag einweben, statt Verhinderungslobbisten Raum zu geben oder Ängste zu schüren, Arbeitsplätze könnten verschwinden. Diese Schwarzmalerei aber ist völlig fehl am Platze. Fest steht eines: In Zukunft werden sich die Aufgaben und Ansprüche ändern. Das ist gut so, denn das bedeutet Perspektiven.

Einflussreiche Ökonomen predigen, die Aufmerksamkeit auf den Menschen und auf seine Zufriedenheit zu richten statt auf Produktüberflutung und Gewinnstreben. Die großen, die wirklich großen Player haben das Geheimnis verstanden, dass glückliche Mitarbeiter das Beste geben.

Häufig sind es die Unternehmen, die Tradition und Innovation vereinen, die sich beständig fragen: Wie können wir unsere Produkte an die Bedürfnisse anpassen? Wie können wir Mangel beseitigen? Otto Bock wollte vor mehr als 90 Jahren mit seinen Holzprothesen den Kriegsversehrten das Leben erleichtern. Heute liefert das Unternehmen Hightech-Prothesen aus Faserverbundstoffen, der Flugzeugindustrie entliehen: Heinrich Popow sprintet mit einer Bein-Prothese von Otto Bock zum 100-Meter-Sieg in London. Er wird ein Vorbild für eine ganze Generation. McDonalds hat seine Ernährungsleitlinie geändert: Mit dem Wissen um die schädigende Ernährung durch Fast Food setzt das Unternehmen nun auf Bio Food. Und dass dm-Gründer Götz W. Werner mit seiner mitarbeiterfreundlichen Philosophie und seiner hohen Wirtschaftsethik Maßstäbe setzt, das sollte vielen als Beispiel gelten. Noch immer wundern sich Manager von Weltformat über die modernen

Ansätze von Semco aus Brasilien, dem Maschinen-Hersteller: Die Mitarbeiter wählen ihre Chefs, bestimmen ihre Arbeitsplätze und Aufgaben und ebenso ihre Gehälter. Sie führen alle Wirtschaftslehren ad absurdum. Es funktioniert dennoch in einer leistungsstarken Weise.

Wir lechzen nach Bewusstseinsbildern für unser Können und nach Businessmodellen, die Mitarbeiter fördern, über alle Maßen hinaus. Also verbannen wir die kleinkarierten Denkanstöße der Politiker zu einer minimalen Grundsicherung der Bürger dorthin, wo sie hingehören: in das Programm von Kabarettisten.

Ein Bonsai kann wachsen

Niemand sollte das Recht haben, Menschen kleinzuhalten wie japanische Bäume im Miniformat. Auch ein Bonsai kann wachsen, wenn er nicht mehr gestutzt und mit Draht umwickelt wird. In unserer Gesellschaft beginnt das Wachsen in den Kindergärten. Im Alter von drei Jahren hungern Kinder nach Wissen. Wir müssen die besten Pädagogen verpflichten, um die Kleinsten zu begleiten, um ihnen an jedem Tag zu zeigen, dass sie Emotionen zulassen, dass sie sich mit Fürsorge und Freiheit im Spiel entdecken dürfen. Ihr Wertegerüst entsteht in dieser frühen Lebenszeit. Niemals wieder werden sie mit mehr Intensität ihren Charakter bilden und ihr Vertrauen gründen.

Persönlichkeitsentwicklung beginnt in den ersten Lebensjahren. Sie setzt sich fort durch die Phasen als Schüler, als Student, als Vater oder Mutter, als Mitarbeiter, als Leistungsträger dieser Gesellschaft.

Die Kompetenzen der Zukunft

Ich muss kein Hellseher sein, um die Fähigkeit zu umschreiben, die schon in wenigen Jahren die Karrieren bestimmen werden. Experten haben Future Skills definiert wie die cross-kulturelle Denkweise. Nicht zuletzt durch die mediale Geschwindigkeit rücken die Länder zusammen. Ein tiefes Verständnis füreinander wird die Märkte in allen Branchen beeinflussen. Zudem wird eine mathematische Intelligenz sich etablieren – denn Datenmengen in konkrete Konzepte zu übersetzen und in verständliche Anwendungen zu konvertieren, das kann neue Technologien im Alltag nutzbar machen. Adaptives Denken wird gefragt sein – denn wir brauchen vorhersehbare Lösungen, statt in Problemen zu jammern. Und ich persönlich glaube, dass die Sprache, gesprochen oder in Schriftlichkeit, ein Sinnbild für Zukunft ist. Sie regt an. Sie verbindet. Sie füllt den Traum vom Glück mit Worten. Sie aktiviert die unterschiedlichen Areale im Gehirn. Damit meine ich nicht die Ratgeber, die jährlich millionenfach auf den Markt geworfen werden, die kleine Thesen aufblähen und letztendlich doch nur müde Methoden darstellen. Den 10.000-ten Ratgeber zum Zeitmanagement brauchen wir nicht. Ich meine vielmehr Texte, die eine wirkliche Botschaft überbringen, weil sie inspirieren und uns nachdenken lassen über unser Leben und über das, was wir mit diesem kleinen Wimpernschlag der Zeitgeschichte anfangen wollen.

Gemeinsam das Beste erreichen

Die Winspiration Day Association will gemeinsam mit Ihnen das Glück im Leben messen, dem Leben Perspektiven geben. Damit wir am Ende nichts bereuen, sondern unseren Kindern das Beste übergeben, was wir je erreichen konnten. Jeder Einzelne kann seinen Beitrag leisten, nach seinem Ermessen, nach seinen Fähigkeiten, auf seinem Niveau. Vielleicht ist ein erster Schritt, sich in Stille hinzusetzen, fernab von der Hektik des Tages. Wählen Sie einen Platz, an dem Sie sich wohlfühlen, und schreiben Sie Ihre persönlichen fünf Ziele im Leben auf. Das sind Ihre Top Five. Die leiten Sie durch die Tage, durch die Jahre. Teilen Sie sie uns mit. Wir fügen Sie zu unseren Glücksformeln hinzu und inspirieren andere Menschen. Gemeinsam können wir viel bewegen. Pero Mićić hat recht, wenn er schreibt: „Wir brauchen dafür eine gute Beziehung zu unserem ‚Zukunfts-Ich' und zu unserem ‚Zukunfts-Wir'."

Als Präsident der Winspiration Day Association durfte ich beeindruckenden Menschen begegnen. Sie alle haben eine Botschaft. Sie inspirieren und sind wahre Vorbilder, weil sie mit ihrem Handeln ein Stück weit zu einer besseren Welt beitragen. Sie denken heute schon an morgen, bleiben nicht stehen in einer traurigen Haltung, die unsere Medien gerne zelebrieren. Sie denken vorwärts. So wie Felix Finkbeiner, der es sich gemeinsam mit Kindern aller Länder zur Aufgabe gemacht hat, Mensch und Natur im Einklang zu halten. So wie Dagmar Riedel-Breidenstein, die jungen Männern mit Migrationshintergrund klarmacht, wie verbrecherisch sogenannte Ehrenmorde sind. So wie Professor Manfred Spitzer, der als Wissenschaftler beweist, wie Lernen unser Denken verändert, wie gar Lernen das Glückszentrum im Gehirn anspringen lässt und das Hormon Dopamin ausschüttet. Glück ist flüchtig, aber immer wieder abrufbar durch das Entwickeln der eigenen Fähigkeiten. So wie Muhammad Yunus, der aufklärt: „Wollen wir alle Bettelmönche werden? – Nein. Besser ist es, Leute in

Arbeit zu bringen." Es geht nicht um das Verteilen von Almosen. Es geht um Hilfe zur Selbsthilfe. So wie Jane McGonial, die ein digitales Spiel zum Glück erfand. Sie erreichte damit Hunderttausende Männer und Frauen. Ihr Spiel basiert auf der Reue sterbender Menschen, wie sie die Krankenschwester Bronnie Ware in ihrem Buch veröffentlicht. McGonial wandelt die fünf wichtigen Sätze um zu einer Kompetenz für die Zukunft, zu einer Anleitung zum Glück. Ich finde, diese Sätze passen genau an diese Stelle im Buch und sie klingen etwa so:

1. Habe den Mut, dein wahres Ich zu leben.
2. Verbinde Beruf und Berufung.
3. Zeige deine Liebe, deine Emotionen.
4. Pflege deine Freundschaften.
5. Entscheide dich, glücklich zu sein.

Vom Traum in die Wirklichkeit

Der Winspiration Day soll einmal im Jahr den Fokus auf das Glück werfen. Seit 2003 initiiere ich diesen Krafttag. Seither treffen sich Menschen in Deutschland, Amerika, Rumänien, der Schweiz und anderen Staaten. Sie applaudieren einer großen Show oder entscheiden sich für eine Stille, um in kleinem Kreis das eigene Potenzial zu spüren. Ich ermutige sie zu Vorträgen und Workshops, zu Vision Partys, um die Zukunft zu entwerfen und ein Bild ins Universum zu senden. Denn ich bin davon überzeugt: Einmal ausgesprochen, visualisiert oder gar schriftlich formuliert, bündeln wir unsere Gedanken einzig darauf, die Idee von Zukunft zu verwirklichen. Dann werden sich die energetischen Felder zum Positiven verschieben. Dann wächst das Bewusstsein für den eigenen Lebenssinn. Ich nenne ihn Purpose.

Ich richte zum Schluss einen Wunsch an Sie:

Schreiben Sie Ihren Politikern konkret, was Sie von ihnen erwarten: Nicht mehr und nicht weniger als einen Rahmen für das Glück, so wie es der Human Development Index vorsieht. Sammeln Sie Unterschriften. Organisieren Sie Treffen. Senden Sie Mailings an Menschen, Organisationen, Unternehmen. Färben Sie einmal jährlich am 7. Mai Ihre Ideen bunt. Wir von der Winspiration Day Association unterstützen Sie.

Danke, dass Sie mich bis hierher begleitet haben. Ich wünsche, wir bleiben im Gespräch.

Die Zukunft ist offen. Sie selbst entscheiden, was sie Ihnen bringt.

Danksagung

Geschichten beginnen mit Gesprächen, mit Begegnungen und manchmal mit wenigen Zeilen: Im Dezember 2012 erreichte mich eine E-Mail. Mit einer Idee. Zum Buch. Ich sage der Writerin, Gabriele Borgmann, Danke. Für die Zusammenarbeit. Für die Worte zu meinen Gedanken im Text.

Der Künstler Simon Hofer hat die Philosophie der Winspiration Day Association grafisch umgesetzt. Er entwarf das Logo. Danke dafür.

Danke auch all den Menschen, die bei den Veranstaltungen mitgewirkt, die inspiriert und ihre Visionen geteilt haben.

Gemeinsam haben wir viel erreicht. Alles wird gut, wenn wir gemeinsam weitermachen.

Der Autor

Wolfgang Sonnenburg ist Mentor, Speaker, Autor und Vorwärtsdenker. Der ehemalige Rechtsanwalt und Unternehmer war Inhaber einer Anwaltskanzlei und Partner einer Steuerberatungsgesellschaft und eines Immobilienunternehmens.

Gemeinsam mit seinen Organisationen, der Win-Win-AG, der Next Level Consulting GmbH und dem Nikken-Netzwerk sowie der Winspiration Day Association, will Wolfgang Sonnenburg die Businesswelt inspirieren, weit über den Profit hinauszublicken. Ihm geht es um das Vorwärtsdenken, um das Leben im Hier und Jetzt mit einem Sinn für das Morgen. Er betrachtet das Glück der Menschen mit einem ganzheitlichen Ansatz. Sein Motto lautet: „Purpose driven profit". Damit ermutigt er als Mentor, optimistisch zu denken und zu gestalten, die eigenen Fähigkeiten zu erkennen und zu verfeinern.

Das Herzstück seiner Philosophie beschreibt er folgendermaßen: „Ich ermutige mich und andere, den eigenen Platz im Leben einzunehmen. Erst das Zusammenspiel von Bildung, Gesundheit, Glück und finanzieller Sicherheit führt zu wahrem Wohlstand."

Wolfgang Sonnenburg gründete 2003 den Winspiration Day und 2012 die Winspiration Day Association, um dem 7. Mai, dem Fokustag auf die eigene Kraft, weltweit eine Bedeutung zu verleihen.

WINSPIRATION DAY
7
May

Dürfen wir Sie als Förder-mitglied begrüßen?

Werden Sie Fördermitglied der Winspiration Day Association. Wir freuen uns auf Sie! — http://may7.org/mitgliedschaft

Impressionen

Auf den folgenden Seiten finden Sie einige Bildimpressionen der Winspiration Days von 2005 bis 2011.

Besuchen Sie uns online bei www.winspirationday.org, um aktuelle Fotos, Videos und Termine zu sehen und immer auf dem Laufenden zu bleiben!

Winspiration Day 2005: Das Programm auf der Bühne im Hotel Estrel in Berlin begeisterte viele Hundert Zuschauer.

Standing Ovation für wunderbare Künstler am Ende der Show 2005 in Berlin.

Die Schauspielerin Claudia Wilde unterstützt seit vielen Jahren den Winspiration Day. 2005 stand sie mit Wolfgang Sonnenburg gemeinsam auf der Bühne.

„Happy Winspiration Day!" Der kleine Rex Lewis freut sich über den Award und den Applaus auf großer Bühne 2006 in Baden-Baden.

Die Sängerin Joana Zimmer während der General-Probe zum Winspiration Day 2005

Sponsor und Freund des Winspiration Days 2010 in Berlin: Dr. Thomas Jäger, Direktor der BNI-Berlin

Maren Opfermann, Weltmeisterin im Rhönradturnen, war einst Teilnehmerin des KidsCoachings. Heute motiviert sie als Referentin und Trainerin junge Menschen, ihre Ziele im Leben zu erreichen. 2010 hielt sie in Berlin eine inspirierende Rede.

2010 erhielt Professor Dr. Manfred Spitzer den Winspiration Day Award für seine Forschungen zum gehirngerechten Lernen.

Mit dem Winspiration Day Award 2010 wird die Botschafterin für Toleranz, Dagmar Riedel-Breidenstein, für ihre Arbeit ausgezeichnet. Gemeinsam mit den „Heroes" ändert sie das Verhalten junger Männer mit Migrantenhintergrund.

2010 stellte Claudine Krause die Jugendnothilfe Jung und Jetzt e. V. in Berlin vor. Die Winspiration Day Association unterstützte die Gründung des Vereins.

Vorbereitungen für den Winspiration Day 2011 im Renaissance Zürich Hotel

Die Gäste freuten sich auf ein Programm, das Impulse setzte und zum Nachdenken über die eigenen Wünsche im Leben anregte.

Nicolette du Toit, Marketingmanagerin bei Microsoft Schweiz, engagierte sich für den Winspiration Day 2011 in Zürich und warf einen Blick auf die Zukunft, auf „The New World of Work".

Stille und Besinnlichkeit im Saal: Der Opernsänger Fredrik de Jounge berührte die Zuschauer mit seiner Stimme.

Profi-Radrennfahrer Franco Marvulli gewann viele Titel: Weltmeister, Vizeweltmeister und olympisches Silber. 2011 stand er auf der Bühne des Winspiration Days.

Die Finalistin der Schweizer Talentshow, Julia Star, sang und steckte Zuschauer wie Bühnen-Gäste mit ihrem jugendlichen Schwung an.

Bob Proctor reiste aus Kanada an. Er ist seit vielen Jahren ein Freund und Wegbegleiter von Wolfgang Sonnenburg. Auf dem Winspiration Day 2011 brillierte er mit seinem zweistündigen Workshop „Create your own Economy".

Ideen mit Zukunft: Die Schüler stellten auf dem Winspiration Day 2011 in Zürich ihr Business-Projekt vor. Aus Segeltuch kreierten sie Taschen, die viel Anklang fanden. Sie wurden zur Marke und etablieren sich bis heute unter dem Label „backbord" in der Modeszene.

Auch mit 97 Jahren hat sie noch Träume: Jennet Robins erzählte von ihren Wünschen ans Leben und rührte mit ihrem Esprit viele Hundert Zuschauer. Ihr Buch „A Quest of Love" bleibt auch nach ihrem Tod 2012 lesenswert. http://may7.org/ebxx

Humor trifft Schönheit: Clown Shiven und Nadine Vinzens, Miss Schweiz 2002/2003, verstanden sich prächtig auf dem Winspiration Day in Zürich.

7600896R00090

Printed in Germany
by Amazon Distribution
GmbH, Leipzig